융과 성서

Wayne Gilbert Rollins
JUNG AND THE BIBLE
© John Knox Press, Atlanta, Georgia 1983

Translated by Rɪ Bong-U
© Benedict Press, Waegwan, Korea 2002

융과 성서
2002년 2월 초판 | 2010년 3월 재쇄
옮긴이 · 이봉우 | 펴낸이 · 이형우
ⓒ 분도출판사
등록 · 1962년 5월 7일 라15호
718-806 경북 칠곡군 왜관읍 왜관리 134의 1
왜관 본사 · 전화 054-970-2400 · 팩스 054-971-0179
서울 지사 · 전화 02-2266-3605 · 팩스 02-2271-3605
www.bundobook.co.kr
ISBN 89-419-0207-X 04230
ISBN 89-419-9752-6 (세트)
값 9,000원

사목총서 22

웨인 G. 로린즈

융과 성서

이봉우 옮김

분도출판사

머 리 말

성서는 영혼Soul의 진술이다. 신조, 교리, 성가, 기도, 전례, 제복, 교회의 색유리창, 설교, 그리고 입 밖으로 표현하지는 못했지만 몇 세기 동안 억압되어 있었던 시대에도 계속 나타난 교회나 회당의 희망도 역시 영혼의 진술이다. 융에게 있어서 영혼은 본래가 종교적인 것이다. 그래서 융에게 있어서 영혼이라는 인격의 신비에 대한 연구는 중요한 과제이다.

이 책의 목표는 성서를 영혼의 책으로 간주하고 그 의미를 탐구하는 것이다. 현대인들 중에는 성서를 종교상의 사실을 기록한 책으로 보는 사람도 있고, 역사책으로 생각하는 사람도 있다. 이 책에서는 성서를 영혼의 보고로서, 즉 우리의 영적인 선조가 역사와 율법, 예언과 시, 복음서와 편지, 계보와 묵시를 통해서 거룩한 것의 체험을 이야기하고 우리와 우리를 통해 다른 사람을 그 체험으로 인도하는 증언으로서 생각한다.

이 책의 둘째 목적은 오늘날 성서 연구가 심리학과 정신분석의 통찰에서 어떤 도움들을 받을 수 있는가를 시사하는 데에 있다. 저명한 신약성서학자인 F. C. Grant는 1968년에 나온 Erwin R. Goodenough 기념 논문집에서 "성서의 심리적 해석의 가치와 그 중요성과 함께 필요성까지 지적했다. 이것은 새로운 종류의 성서비판이다". "이전까지의 연구분야는 모두 필요하고 중요하다. … 그러나 그것은 심리적 비판의 도움을 받음으로써 더욱 더 새롭고 광대하며 보다 공감하는 해석학적 전망을 갖게 된다. … 즉, 성서비판은 성서의 역사적 해석이나 해석학적 해석을 넘어서 심층심리학과 정신분석이라는 전혀 새로운 분야가 고려되어야 한다"고 말하고 있다.[1]

---

[1] "Psychological Study of the Bible", in Jacob Neusner, ed., *Religions in Antiquity: Essays in Memory of Erwin Ramsdell Goodenough, Numen*, Spl.XIV (Leiden: Brill, 1969), pp.112 이하.

심리학과 정신분석의 통찰을 성서연구에 응용하는 작업은 이제 막 시작되었을 뿐이다. 지금까지 이루어진 대부분의 연구는 심리학 방면의 것인데 성서학자의 연구활동도 점차 활발해지고 있다. 이 책은 이런 동향에 기여하고 자극을 주게 되기를 바란다.

1971년 가을에 The Hartford Seminary Foundation에서 심리학과 종교학 교수였던 Leighton McCutchen 박사와 신약성서학 교수였던 내가 행했던 "융과 성서"라는 대학원생을 위한 세미나가 이 연구의 발단이 되었다. 그 내용을 더욱 발전시켜서 미국 종교학회에서 여러 번 논문을 발표했고 Luc Martel 신부의 소개를 받아 Massachusetts 주(州) Worcester의 Assumption College에서 개최된 에큐메니컬하기 강좌에서 연속강연을 행하기도 했다.

John Knox Press의 새 편집자로서 이 책의 간행을 권유해 주었던 Richard Ray 박사와 시종 전문적인 도움을 주신 John Knox Press의 편집장 Joan Crawford에게, 그리고 초고의 대부분을 치는 데에 사용한 전동타자기를 주신 Hartford에 있는 Broadview Community Church의 모든 신자분과 타이프로 친 원고 작성을 도와준 Bea Charette 부인, Pat Dombek 부인, 그중에서도 특히 Assumption College의 Florence Fay 부인과 이 일에 관심을 가지고 격려해 준 아내 Donnalou에게 특별한 감사를 드립니다.

W. G. R.
West Hartford, Connecticut

목 차

머리말 ·· 5

C. G. 융의 연보 ·· 11

주석에 관한 일러두기 ·· 14

제1장 **융과 성서의 관계** ··· 15
    성서에 관한 해결되지 않은 의문 ······························ 16
    융의 삶에 있어서의 성서 ·· 18
    전망 ··· 24

제2장 **융의 심리학: 내면적인 전기**傳記 ···················· 27
    융의 부모: 두 개의 유산 ·· 28
    선택 ··· 34
    융의 "중요한 임무" ·· 35
    말과 그 의미 ··· 39
    꿈 ··· 42
    프로이트와의 절교 ··· 49
    무의식으로의 하강 ··· 50
    프시케의 해부학 ··· 53
    영지주의자와 연금술사 ··· 58
    개성화와 자기 ··· 61

제3장 **성서와 영혼의 생활** ······································· 69
　융의 사상에서의 영혼의 실체 ································· 71
　신약성서에서의 프시케(영혼) ································· 74
　영혼의 발언으로서의 성서: 『욥에 대한 응답』 ················ 76
　성서: 영혼의 집대성 ··· 87

제4장 **성서의 상징: 영혼의 어휘** ······························· 89
　상징이란 무엇인가? ·· 91
　융의 관점에서 본 성서의 상징어휘 ···························· 92
　성서, 영혼, 상징생활 ·· 106

제5장 **성서의 원형과 자기自己의 이야기** ······················· 109
　원형이란 무엇인가? ··· 110
　원형의 가치 ·· 116
　원형의 유형 ·· 118
　원형의 원형: 자기自己 ······································ 128
　그리스도와 자기 ·· 130
　"자기 이미지로서의 그리스도"의 의미 ························ 132
　그리스도 사건과 영혼생활 ··································· 136
　성서는 왜 말하는가? ·· 137

제6장 **성서가 말하게 한다: 성서해석에 대한 융의 접근법** ······ 139
　성서란 무엇인가? ··· 141
　독자인 나는 누구인가? ······································ 145
　저자인 그들은 누구인가? ···································· 147
　성서해석을 위한 융의 기본 지침 ····························· 148
　확충과 성서를 듣는 기술 ···································· 154

적극적 명상과 성서를 선언하는 기술 ·················159
　　성서를 기탄없이 표명함 ···························162

제7장 **융이 본 하느님, 성서, 자기**自己 ····················165
　　성서의 이용(그리고 오용) ·························167
　　하느님의 문제 ··································169
　　인격 1과 인격 2 ································170
　　융의 직업으로서의 심리학적 견지에서 본 하느님 ···········172
　　융의 개인적 견지에서 본 하느님 ·····················176
　　부르든, 부르지 않든 하느님은 가까이 계시다 ············184

맺음말 **심리학적 비판과 성서 연구** ·······················187

참고 문헌 ··193

역자 후기 ··195

C. G. 융의 연보

1875	7월 26일, 루터파 목사 Johann Paul Achilles Jung(1842~1896)과 Emilie née Preiswerk(1848~1923)의 아들로 스위스 Kesswil에서 태어남.
1895~1900	Basel 대학 의학생 시대.
1900	정신과 의사가 될 결심을 하고 Burghölzli 정신병원의 직원이 됨.
1902	언어연상의 연구 시작. 한편 정력적인 저작활동, 곧 전 20권의 『융 전집』으로 정리됨.
1903	Marries Emma Rauschenbach(1882~1955)와 결혼, 딸 4명과 아들 하나를 낳아 기름. Freud의 『꿈의 해석』을 다시 읽고, "무의식 과정에 대한 가장 중요한 정보원"인 꿈에 대한 일생에 걸친 연구를 시작함.
1905	Burghölzli 병원 원장, Zürich 대학 의학부 강사가 됨.
1907	Vienna에서 Freud와 처음 만남.
1909	언어연상 실험으로써 Massachusetts 주 Worcester에 있는 Clark 대학에서 명예학위증 받으러 Freud와 함께 미국에 감.
1910	Freud의 요청을 받아 국제 정신분석회의의 종신의장이 됨.
1912	Fordham 대학에서 정신분석이론에 관한 강연을 함.
1913	Freud와 절교. 자신의 작업을 "정신분석"이 아니라 "분석심리학"이라고 부름. Jung 자신의 무의식이 자연히 만들어내는 이미지를 모으기 시작하고(1913~1917), 개업의로서도 바쁜 활동을 계속함.

1914	제1차 세계대전. 국제 정신분석회의의 의장을 사임하고 종군 대위가 됨.
1915	꿈과 신화 연구에 힘을 기울임.
1918	초기 그리스도교 시대의 영지주의Gnosticism에 대한 연구를 시작함.
1920~1927	Algiers, New Mexico, Kenya 및 Egypt에 단속적으로 여행을 계속함.
1922	Bollingen에 대지를 구입. 여기를 일생의 휴양지로 삼고 손수 일을 하며 자연과 가까이 지냄.
1927	만다라Mandala 연구에 집중.
1928	연금술 문헌에 처음으로 관심을 갖고 「현대인의 영혼 문제」 발표.
1933	심리요법의학 총회장. Eranos회의 제1회 총회가 스위스 Ascona의 Maggiore 호반의 창설자 Frau Olga Froebe-Kapteyn의 저택에서 열렸다. 그후 Jung 심리학을 주제로 하는 국제회의가 매년 개최됨.
1934	국제 심리요법의학 총회를 창설하고 초대회장을 맡음.
1936	Harvard 대학 명예학위. 「연금술에서의 종교적 심상」 발표.
1937	Yale 대학에서 Terry Lectures를 함. 강의록은 『인간심리와 종교』로 1938년에 간행.
1938	Oxford 대학 명예박사, 왕립의학원 회원. 인도 여행. Hindu 대학, Allahabad 대학, Calcutta 대학 명예학위.
1943	스위스 학사원 명예회원.
1944	Basel 대학에 의학적 심리학 강좌가 개설되어 교수로 취임.
1945	중병으로 Basel 대학 사임. Geneva 대학 명예학위.
1947	Bollingen에 은거.
1952	『욥에 대한 응답』 간행.

1955	Zürich의 스위스 연방 공과대학 명예박사학위. 학위증서에는 다음과 같이 기록되어 있다. "인간정신의 전체성과 양극성 및 통합을 향한 경향을 재발견한 분에게, 과학과 기술시대에 인류의 위기증후를 진단한 분에게, 인류의 주요한 상징과 개성화 과정을 해석한 분에게.
1957	『발견되지 않은 자기』 간행.
1961	6월 6일 스위스 Küsnacht에서 서거. 사후 『회상, 꿈 그리고 사상』의 간행.
1964	『인간과 상징』 간행. 여기에 유고 「무의식의 접근」을 수록.

주석에 관한 일러두기

원서의 끝에 실린 주석과 역자가 덧붙인 주석을 모두 해당 페이지 아래에 각주로 처리했는데, 원주는 아라비아숫자 윗첨자로, 역주는 *표로 표시했다.

자주 인용한 책의 약어는 다음과 같다:

CW   C. G. Jung, *The Collected Works of C. G. Jung*, ed. Gerhard Adler, Michael Fordham, Sir Herbert Read, and William McGuire; tr. R. F. C. Hull, Bollingen Series XX (Princeton: Princeton University Press, 1953~1978), vols.XX(융 전집).

Jacobi   Jolande Jacobi, *The Psychology of C. G. Jung*, revised edition (New Haven: Yale University Press, 1971), (J. 야코비 『융의 심리학』).

Letters   *C. G. Jung Letters, I-II*, Gerhard Adler and Aniela Jaffé, Bollingen Series XCV (Princeton: Princeton University Press, 1973~1975), (융의 서간집).

M&S   C. G. Jung, Marie-Louise von Franz, Joseph L. Henderson, Jolande Jacobi, and Aniela Jaffé, *Man and His Symbols* (New York: Doubleday & Co., 1971), (『인간과 상징』).

MDR   C. G. Jung, *Memories, Dreams, Reflections*, ed. Aniela Jaffé; tr. Richard and Clara Winston (New York: Pantheon, 1963), (『융의 자서전 — 회상, 꿈 그리고 사상』).

제1장

융과 성서의 관계

나는 성서학자로서가 아니라(나는 성서학자가 아니다) 문외한으로서 그리고 많은 사람의 마음의 생활을 깊이 통찰하는 것이 허용된 의사로서 쓴다.
―『욥에 대한 응답』[1]

칼 구스타프 융Carl Gustav Jung이라는 이름은 많은 사람들이 들어 왔다. 그들 중에는 그를 심층심리학 방면의 학자라고 생각하는 사람이 많을 것이다. 그리고 그들 가운데는 "원형"이라든가 "집합 무의식"에 대한 융의 이론에 정통한 사람도 있을 것이다. 또는 "외향적"·"내향적"이라는 말을 널리 소개하고 "콤플렉스"의 관점에서 자기 자신을 심리학적으로 생각할 것을 가르친 것이 융이라고 알고 있는 사람도 있을 것이다.

나는 융이라는 이름을 언제 처음 들었는지 생각해 낼 수 없다. 어쩌면 신학교의 종교심리학 시간과 관련해서거나, 또는 서점에서 아름다운 삽화가 있는 두꺼운 표지의 『인간과 상징』을 접했을 때일 것이다. 그 책에는 광택지에 적색, 녹색, 청색, 갈색을 사용한 중국의 만다라가 크게 그려져 있었다.

어떻든 융의 생애와 사상은 성서 및 성서해석의 과학적인 접근분야인 성서 "해석학"에 중요한 사실을 제공할 것이라는 예감을 키워가면서 나는 성서학 교수로서의 길을 걷고 있었다. Hartford Seminary Foundation의 대학원 과정에서 "융과 성서"라는 세미나를 동료와 둘이서 행하기로 결정한 것도 독서나 친구와의 대화에 의해서 이 예감이 강화된 덕분이었다.

---

[1] *CW* XI, p.363.

그 세미나 중에서 함께 배운 것과 그후의 연구를 기초로 Massachusetts 주州 Worcester의 Assumption College의 캠퍼스에서 교파를 초월한 참가자를 위한 하기 연속강연을 행했다. 청중 가운데 화가로 조각도 하는 사람이 있었다. 그 사람의 그림 한 장이 캠퍼스 안에 있는 건물에 걸려 있었다. 어느 때인가 나의 이야기가 끝난 다음 그는 스스로 말하기를 15년 전에 융을 읽기 시작해서 이미 전집 모두를 읽었고 그밖에도 손에 들어오는 대로 융의 글을 전부 읽었다고 했다. 그 이유를 묻는 나에게 그는 이렇게 대답했다. "융은 처음으로 내가 하고 있는 것을 내게 설명해 주었습니다."

융은 독자에게 이러한 영향을 종종 준다. 나의 경우도 어느 정도 같은 사실을 말할 수 있다. 융은 나로 하여금 나 자신과 프시케*에 대해 그 어느 때보다도 엄밀히 생각하도록 했다. 그뿐 아니라 새로운 관점에서 성서에 대해 생각하도록 도와 주었다. 성서에 대해서 그리고 유다 그리스도교의 의식 가운데서 대대로 성서가 수행한 역할에 대해서 지금까지 성서학이 언급하지 않았던 전혀 새로운 의문을 차례차례로 생각할 것을 융은 가르치고 있다.

성서에 관한 해결되지 않은 의문

성서학자가 관례대로 성서에 대해 제기한 의문은 고대 원문의 성립과 특성 그리고 그 의미와 관계가 있었다. "언제, 누가, 어떠한 역사적인 상황에서 무엇 때문에 성서를 기술했는지? 그리고 원래의 히브리어나 그리스어에서는 어떤 의미를 갖고 있는지?" 이러한 의문에서 많은 지식이 얻어졌고 그 결과 성서의 의미와 우리의 신앙 공동체의 기원과 특성의 의미에 대한 이

---

* psyche: 융의 기본적 용어. 영혼을 의미하는 그리스어인데, 융은 의식과 무의식 전체를 프시케라고 한다. 마음, 정신 등이라고 할 수도 있는데, 이러한 말에 각 사람이 이미 제공하고 있는 의미내용에 쉽게 동화해서 이해하는 것을 염려해서 외국어를 사용했다. 그 뜻을 참작해서 역어도 프시케라고 했다. 의식, 무의식, 프시케를 융은 때로는 실체로서, 또 때로는 영역, 장소(물론 물리공간적인 의미에서는 아니지만)와같이 기술하고 있다.

해는 지금도 계속해서 커가고 있으며 강화되고 있다.

그러나 성서학자가 취급하지 않고 놓아둔 의문도 있다. 그것은 그러한 의문을 추구하고 싶지 않아서가 아니라 그것에 대처하기 위한 방법과 훈련이 되어 있지 않기 때문이다. 그러한 의문은 성서의 기원과 관계된 것이 아니라 독자의 생활에 끼치는 성서의 영향과 관계된 물음이다.[2] 예를 들면 조나탄 에드워즈*는 성서에서 지금까지 경험한 적 없는 감동을 받았다고 하는데 성서가 그와 같은 촉매적인 효과를 독자에게 주는 것은 어째서일까? 복음이 놀라울 정도로 급속히 지중해 세계로 널리 퍼진 것, 즉 예루살렘에서 로마까지 20년도 걸리지 않고 전해진 것은 어째서일까? 화가, 작가, 시인, 영화 제작자가 그들 대부분이 조직적인 종교에는 감동하지 않으면서도 이야기의 줄거리나 등장 인물, 그리고 주제를 계속 성서에서 찾는 것은 어째서인가? 그리스도상像, 시편 또는 묵시록의 강렬한 이미지에 포함된 무엇이 이처럼 우리 마음에 다가오는가? 이 "아주 오랜 이야기"가 세대를 넘고 국가, 민족의 경계를 넘어서 개인과 사회를 흔들고, 변화시키고 도전하며 갱신하는 힘을 유지하는 비밀은 무엇인가? 바위, 뱀, 나무, 씨앗, 산, 레비아탄Leviathan, 포도원, 숫자 3·5·7·12 등의 이미지에 어떠한 특별한 유인력이 있어서 성서의 저자가 이러한 상징을 반복해서 사용하는가? 성서와 독자와의 관계는 우선적으로 지적인 것인지, 즉 우리 자신의 사고력의 측면이 주로 관련된 것인지 아니면 의식적인 지식보다도 순수하게 지적인 것을 넘어선 심층에서 작용하는 부분도 참여하고 있는지? 애정관계와 같이 깊은 관련이 있는 성서와 인간의 마음과의 관계를 성서학이 비판적으로 밝힐 수 있는 방법은 있는지? 성서학이 인간 영혼을 지배하는 성서의 신비적인 힘을 검증하고 인간 지성에 광범위하게 이야기하는 성서의 폭넓은 언어를 이해하는 방법은 있는지?

---

[2] Wilfred Cantwell Smith, "The Study of the Religion and the Study of the Bible", *Journal of the American Academy of Religion*, XXXIX, 1971, pp.131-40은 이 구별을 도입해서 전개한다.

* Jonathan Edwards (1703~1758): 미국의 신학자. New England 신학의 중심인물.

인간 마음의 내적인 작용, 상징과 원형, 세계의 수많은 민족의 문화적 전통 안에 반복해서 나타나는 중요한 이야기와 주제에 관심을 갖는 융은 앞에서 기술한 바와 같은 의문에 처음으로 관심을 갖고 인간 영혼의 보편적인 여행을 고찰하는 많지 않은 사람 중 한 사람이라고 나는 생각한다.

융의 삶에 있어서의 성서

나의 융에 대한 관심에는 한 가지 예상하지 않았던 것이 있는데, 그것은 융의 저술과 사상에는 성서가 광범위하게 중요한 역할을 하고 있음이 발견된다는 것이다. 융은 『욥에 대한 응답』의 서문에서 다음과 같이 이야기하고 있다. "나는 성서학자로서가 아니라(나는 성서학자가 아니다) 문외한으로서 그리고 많은 사람들의 마음의 생활을 깊이 통찰하는 것이 허용된 의사로서 쓴다."[3] 이러한 언급에도 불구하고 융은 아마 어떤 심리학자보다도 성서학자에 가깝다. 이는 종교적 문헌 전반에 대한 관심에 의해서라기보다 특별히 스위스의 루터파 목사의 가정에서 태어나 성서와 친밀한 환경에서 자랐기 때문이다. "어머니의 가족에는 목사가 여섯 분 있었다. 아버지 쪽에도 나의 아버지뿐만 아니라 두 분의 숙부 역시 목사였다. 따라서 종교적인 대화나 신학적인 논의나 설교를 나는 많이 들었다"[4]고 융은 쓰고 있다.

융이 성장해서 학문의 세계에 들어간 것을 생각하면 성서에 대한 과학적인 접근방법에 그의 마음이 끌렸다고 생각될지도 모른다. 그러나 후에 예일Yale 대학에서 행한 테리 강좌Terry Lectures "인간 심리와 종교"에서 진술한 바에 의하면 융은 당시 성서연구에는 결함이 있다는 사실을 깨달았다. 그의 경험에서 볼 때 대학의 연구는 진정한 종교감정이나 직관을 육성하는 것이 아니라 많은 경우 권장해야 할 종교적 경험을 오히려 앞질러서 가로

---

[3] CW XI, p.363.   [4] MDR, p.42.

막는 것이었다. "과학적 비판은 성서가 하느님께로부터 연유한 것이라는 신앙을 높이는 데에도 그다지 도움이 되지 않았다. 소위 과학적 계몽주의의 영향을 받고 많은 지식인이 교회를 떠나거나 또는 교회에 전혀 무관심한 것도 사실이다. 그 사람들이 모두 둔한 합리주의자이거나 신경증적인 지식인이라면 그 손실은 그다지 유감스러운 것이라고 할 수 없을 것이다. 그러나 그들 대부분은 종교적인 사람들이고 현재의 신앙 형태에 동의할 수 없다는 것이다"[5]라고 융은 진술한다.

그렇다고 해서 융이 성서의 축어적 해석에 마음이 끌렸다는 것은 아니다. 융에 의하면 성서를 축어적으로 받아들이는 태도는 종교개혁에서 우연히 생겨난 것으로서, 곧 한 특정한 지역에서 성서라는 잘못이 없는 권위와 논의의 여지가 없는 성서의 진정한 의미에 입각해서 교황의 권위를 뒤엎으려는 배경에서 생겨난 것이다. 그러나 융의 생각은 성서의 축어적 해석에 반대하여 성서는 하느님의 "말씀의 모음"이 아니라 전체로서 하나의 하느님의 말씀이라는 루터의 생각에 가깝다.

융의 저술 전체에 성서에 대한 언급이 종종 나타나지만 오로지 성서의 주제에 초점을 맞추고 있는 것은 별로 없다. 1952년에 쓰여진 『욥에 대한 응답』은 성서 가운데 한 문서를 논하는 데 전념한 융의 유일한 저서이다.

그 이전에도 다소 간접적이기는 하지만 성서의 소재를 다룬 것은 있다. 1937년 Yale 대학의 테리 강좌에서 성서의 주제를 언급하고 그뒤 5년간에 걸쳐 심리학의 관점에서 본 「삼위일체의 교리」와 「미사에 있어서의 변용과 상징」에 대한 논문을 썼다. 그리고 다시 10년 뒤에 「그리스도, 자기의 상징」에 관한 보다 중요한 논문과 함께 초기 그리스도교의 이미지 세계에 있어서의 물고기의 상징에 대해서도 썼다.

종교적 원문의 의미와 해석을 주제로 한 관련 논문으로는 「연금술에서의 종교적 심상」, 「분석적 심리학과 문학 작품과의 관계」 및 극동의 종교적 원

---

[5] *CW* XI, pp.21-22.

문들인 『티벳의 위대한 해방의 책』, 『티벳의 사자死者의 책』과 중국의 연금술 원문인 『황금 꽃의 비밀』에 관한 3개의 논문이 있다.

그러나 융이 성서에 정통하다는 사실을 가장 웅변적으로 말해주는 것은 성서의 주제에 대해 이따금씩 쓴 논문보다도 성서의 인물, 성구, 이미지, 개념에 대한 많은 암시와 언급들이다. 구약성서와 신약성서를 합쳐 66개 문서 가운데 전집에 인용하지 않은 것은 13개뿐이다. 제일 즐겨 인용하는 것은 "나의 사랑하는 요한에 의한 복음서"[6]라고 그가 말하는 제4복음서로서 인용 횟수는 120번을 넘는다. 게다가 구약과 신약의 중간시기에 쓰여진 구약성서의 외경과 위경에 속하는 집회서(벤 시라의 지혜), 슬라브어 에녹서, 제2 에즈라서, 토비트, 솔로몬의 지혜 등에서도 항상 인용한다. 신약성서 이후의 외경에 속하는 이집트인 복음서, 사도 바르톨로메오서, 베드로 복음서, 베드로 행전, 요한 행전, 필립보 복음서, 토마스 행전 등에 대해서도 융은 상당히 알고 있다. 성서 이외의 특별히 흥미를 끄는 원문에 감추어져 있던 소위 "예수의 알려지지 않은 말" 몇 개를 발견한 것도 융이다. 코르티 W. R. Corti에게 보낸 편지에서 자기 자신을 객관적으로 보는 것의 중요성에 대해 말하면서 5세기의 베자 사본에 기록되어 있는 예수의 말을 인용하고 있다. "사람아, 만일 네가 무엇을 하고 있는지 알고 있다면 너는 축복을 받았다. 그러나 만일 모르고 있다면 너는 저주를 받고 율법을 어기는 자다." 그리고 다른 곳에서는 4세기의 교부 오리게네스의 저술에 기록되어 있는 예수의 말을 인용하고 있다. "나에게 가까운 사람은 불에 가깝다."[7]

성서의 등장 인물과 이름, 이미지는 융의 저서에 반드시 나타나는 특징이다. 아담과 하와, 아브라함, 이사악, 니고데모, 베데스다Bethesda 샘가에 서 있는 사람, 요나, 호세아, 속죄의 염소, 열매를 맺지 못하는 무화과나무, 뱀, 가라지의 씨, 게다가 바울로와 예수께 대한 언급 등 수를 헤아릴 수도 없다.

---

[6] *MDR*, p.87.   [7] *Letters, I*, p.65.

성서의 어법은 융의 문장에 간단하면서도 자연스럽게 스며든다. "내부의 하느님 나라", "회개", "내적인 사람"과 같은 중심적인 이미지뿐만 아니라 "회칠한 무덤", "생각대로 부는 바람", "세찬 바람"과 같은 성서에 기원을 둔 표현이나 어구語句도 볼 수 있다. 「개인의 운명에서의 아버지」라는 논문 가운데 융 특유의 성서 어구의 사용법이 있다. 자기 자신이 아버지 또는 어머니의 원형의 지배하에 있기 때문에 자신의 아들, 딸들을 희생하는 부모가 있다는 사실을 지적하고 다음과 같이 소견을 말한다. "자신이 강제에 굴복함으로써 그 강제를 아들, 딸들에게 전달하게 된다는 것을 그들은 몰랐다. … '그들은 무엇을 하고 있는지 모르고 있다.'"[8]

융은 성서의 인물이 꿈에, 그 자신의 꿈에든 환자의 꿈에든 나타나면 관심을 나타냈다. 그리고 빛나는 어피魚皮로 표지를 한 큰 성서와 엘리야, 살로메, 그리고 우리야가 나타나는 꿈을 두 번 꾸었다. "물론 나는 아버지가 목사였다는 것을 염두에 두고 나의 공상에 성서의 인물이 나타난 이유를 가장 그럴듯하게 설명하려고 했다"[9]고 융은 쓰고 있다. 이러한 이미지가 그의 무의식 속에 존재하는 것은 종교적인 환경에서 자랐다는 사실로써 확실히 설명할 수 있다고 융은 생각했으나 나중에는 어떤 특정한 이미지가 어떤 사람의 꿈에 나타나는 것을 허용할 때 무의식이 쓰는 기준은 그 이미지가 그 본래의 자리 ― 이 경우에는 융의 가정과 성서 ― 에서 가지고 있던 의미로서가 아니라 꿈을 꾼 사람의 프시케 속에서 그 이미지가 획득한 의미라고 그는 정식화해서 말하게 된다. 그것은 개인적인 이유, 즉 꿈을 꾼 사람이 그 이미지와 관련짓고 있는 사적인 의미인지도 모른다. 또는 융이 나중에 제창한 바와 같이 집합적 이유, 즉 전인류적인 기반에 근거를 둔 이미지와 관련이 있는 의미에 의한 것인지도 모르겠다.

---

[8] Gerhard Wehr, *Portrait of Jung: An Illustrated Biography*, tr. W. A. Hargreaves (New York: Herder and Herder, 1971), p.84; *CW* X, p.276; *MDR*, p.221; *CW* X, p.88; *CW* XI, p.49; *CW* X, p.186; *CW* IV, pp.316 이하 참조. 본문의 강조는 인용자.

[9] *MDR*, p.181.

융이 성서를 종종 이용하는 근원은 무엇보다도 성서가 자주 인간 상태에 대해 철저히 언급하고 있다는 확신에 있다. 어떤 여성 환자가 하느님을 찾는 것이 어렵다고 편지로 호소해 왔을 때 융은 답신으로 고린토인들에게 보낸 첫째 편지 2장 10절을 적어 보냈다. "영靈은 모든 것을 살피고 하느님의 깊이까지도 샅샅이 살피십니다."[10] 그리고 자기 자신이 지닌 어두운 면을 마주 대할 수 없는 환자에게는 바리사이인과 세리의 비유 이야기를 한다. 이 바리사이인도 역시 자신이 지닌 어두운 면에 저항하며 "오, 하느님! 감사합니다. … 저는 세리와 같은 죄인이 아닙니다"[11](루가 18,11)라고 말하는 것이다.

융은 성서에서 개인적인 위로와 격려를 발견했다. 곤란할 때 그의 상태에 도움을 준 한 구절로서 욥기 5장 18절의 "찌르고 나서 싸매 주시며, 때리고 나서 낫게 해 주시는 이"를 들고 있다. 마찬가지로 가장 괴로웠던 시기에 이사야서 35장이 일을 계속할 용기를 주었다고 한 친구에게 털어놓고 있다. 그 대목은 다음과 같이 시작한다. "메마른 땅과 사막아 기뻐하여라. 황무지야 내 기쁨을 꽃피워라."[12]

낙원의 아담 이야기도 융의 젊은 시절에 도움이 되었다. 한때 마음속에서 "믿어지지 않는 사악하면서도 모험적인" 생각을 제거하려 해도 할 수 없어서 그는 고생했다. "왜, 믿어지지 않는 사악한 것을 생각해야 하는가? 어쨌든 이러한 생각은 어디서 오는가?" 하고 물으며 "내가 나를 만든 것이 아니라 하느님께서 만드신 대로 세상에 태어났다"고 숙고했다. 아담의 이야기를 곰곰이 생각하는 가운데 자신의 경험과 유사함을 알았다. "전지하신 하느님은 인류 최초의 조상이 죄를 범하도록 만사를 배려하셨다." 이 결론은 피할 수 없는 것으로 생각되었다. 그러나 융은 자신에게 물었다. 우리의 예정된 운명 속에 이미 마련된 것으로 생각되는 죄야말로 우리를

---

[10] *Letters*, I, p.202.   [11] *CW* X, p.152.

[12] Morton Kelsey, "A Little Child Shall Lead Them", *The Pecos Benedictine* (Dec. 1976), p.1; *CW* XVI, p.121 참조.

하느님 곁으로 인도하기 위한 하느님 계획의 일부가 아닐까, 설령 그 길에 어떠한 시련이 있다 할지라도 말이다.[13]

융은 아담, 아브라함, 바울로, 그리스도의 이름을 종종 예로 든다. 그에게 있어서 그들은 특히 광풍에 맞서서 앞으로 나간 사람들, 어디로 인도될지 생각하지 않고, 소명에 따른 사람들의 전형이었기 때문이다. 에덴Eden에서, 우르Ur에서, 타르소Tarsus에서, 그리고 나자렛Nazareth에서 그들은 하느님께서 그들에게 가리키고자 한 땅으로 부르심을 받은 것이다. 융은 이렇게 쓰고 있다. "내가 가는 길은 최종적으로 밖을 향해 3차원의 한계와 어둠 속으로 인도하고 있음을 나는 분명히 알았다. 아담도 일찍이 이런 식으로 낙원을 떠났을 것이라는 생각이 들었다. 에덴 동산은 그에게 있어서 이미 공포의 씨앗이었고, 오히려 이마에 땀을 흘리며 경작해야 할 냉혹한 땅에 빛이 있었다."[14] 융 자신은 고독한 여행을 한 다음, 신약 외경의 한 구절에서 특별한 의미를 발견했다. 그는 그 말을 친구들에게 종종 인용했다. "사람이 오직 혼자일 때 나는 그 사람과 함께 있겠다."[15]

융에게 성서의 중요성을 가장 인상깊게 보여주는 것은 아마 퀴스나트Küsnacht의 묘지에 있는 융 가家의 묘지의 석탑이다. 그 직방형 돌에는 가문家紋이 새겨지고 좌대의 4면에는 두 개의 라틴어로 된 비문이 새겨져 있다. "하느님을 찾든, 찾지 않든 하느님은 가까이 계실 것이다(Vocatus atque non vocatus Deus aderit)." 또 하나는 바울로의 말이다. "첫째 인간은 흙으로 만들어진 땅의 존재이지만 둘째 인간은 하늘에서 왔습니다(Primus homo terrenus de terra; secundus homo coelestis de coelo)."[16] 융은 고린토인들에게 보낸 첫째 편지 15장 47절의 이 말이 그에게 무엇을 의미하는지를 해명하고 있지 않은데, 이 말 자체에는 융의 자서전 전체에 일관해서 흐르는 하나의 주제가 담겨져 있

---

[13] *MDR*, pp.37-38.   [14] 같은 책, p.88.

[15] Laurens van der Post, *Jung and the Story of Our Time* (New York: Vintage Books, 1975), p.189.

[16] Miguel Serrano, *C. G. Jung & Herman Hesse* (New York: Shocken Books, 1966), p.108.

다. 인간은 한편으로는 "이 세상, 이 삶"을 위해 살고 있으나 또 한편으로는 그들은 영원의 일부라는 것이다.

전 망

융은 심리학자이지 성서학자는 아니었다. 그러나 그는 성서적으로 세계를 보았다. 그가 관심을 기울인 사실이나 경험들은 대부분 또한 성서 작가들이 그 작품들에서 최초로 주목한 사실과 경험들이다. 영혼, 이미 정해져 있는 개인의 운명, 그리고 어떤 소리에 부르심을 받았다는 감각, 꿈, 계시와 비전이 알리는 지혜를 받아들이는 자세, 말과 이미지가 지닌 힘의 이해, 둔주곡과 같은 빛과 어둠의 교착의 감수, 하느님의 피조물 세계에 실재하는 악의 감지, 죄가 많은 곳에 은총이 차고 넘친다는 역설적인 감각, 그리고 무엇보다도 하느님 — 만물의 중심에 있는 거룩한 것[17] — 의 감각이 성서와 융에게는 공통되었다.

    융이 어떻게 해서 성서와 삶을 이와같이 이해하기에 이르렀는지는 이 다음 장의 주제가 된다. 우선 제2장에서 융의 심리학과 거기에 도달하기까지의 편력을 개관한다. 즉, 스위스의 루터파 교회 목사관에서 부모와 보낸 어렸을 때의 경험, 정신의학의 선택, 취리히의 부르크횔츨리Burghölzli 정신병원의 중환자 곁에서 보내면서 얻은 인식, 인격의 비밀을 찾는 언어 연상 실험과 일생에 이어지는 꿈의 연구, 프로이트와의 친교와 절교, 무의식에 대한 실험적인 탐색, 다시 원숙기에 이르러 얻은 프시케가 자동적으로 끊임없이 추구하는 중요한 일은 개성화, 즉 전체성의 실현을 지향하는 것이라는 결론 등이다. 제2장의 개관을 보충하는 것으로서 권두의 연보에 융의 생애에 있어서의 주요한 사건을 정리해 놓았다.

---

[17] 융은 "거룩함"(Numinous)이라는 말을 부분적으로 미지의 영역에 속한 실체로서 영적인 것, 또는 신적인 것을 언급할 때 사용한다.

제3장 이하는 융의 도움을 빌려서 성서에 관한 의문을 고찰한다. 인간을 영혼으로서, 성서를 영혼의 책으로서 논한다는 것은 어떤 의미인가?(제3장). 상징은 왜 필요한가, 그리고 성서와 영혼의 생활 가운데서 상징은 어떠한 역할을 하고 있는가?(제4장). "아주 오래된 이야기"에 융이 원형적 힘이라고 일컫는 것은 어떻게 표현되어 있는가?(제5장). 영혼의 책 — 성서가 사실 영혼의 책이라고 하더라도 — 을 어떻게 읽어야 하는가? 그 다단계의 의미를 어떻게 계발할 것인가?(제6장). 그리고 마지막으로 하느님 대전에 여행하는 영혼의 생활에서 성서는 어떠한 역할을 해야 하는가?(제7장). 이상과 같은 의문과 함께 융이 제기한 그밖의 의문도 깊이 숙고할 것이다.

제2장

융의 심리학: 내면적인 전기傳記

나의 삶은 오직 하나의 관념, 목표에 의해 채워지고 통일되어 있다.
즉, 인격의 비밀을 이해하려는 것이다.
나에 관한 것은 모두 이 중심점에서 설명할 수 있다.
나의 일은 모두 이 한 주제에 관계되어 있다. ─『회상, 꿈 그리고 사상』[1]

제임스 힐만James Hillman은 「심리학의 수정」Revisioning Psychology이라는 논문에서 "모든 심리학은 하나의 고백이다. 어떤 심리학이 다른 인간에게 의미가 있는 것은 그것이 그의 심리적인 요구를 채워줌으로써 그가 그것과 자기동일화를 이룰 수 있다는 데에 있는 것이 아니라 그것에 반응하여 자기 자신의 심리학을 만들어 내도록 자극한다는 데에 있다"[2]는 문장이 있다. 이 장에서 우리는 융의 심리학을 탐구할 것이다. 그런데 융 자신도 인정하고 있는 바와 같이 그의 심리학은 그의 연구와 개인적인 경험에서 취합한 대량의 귀중한 자료들이 들려주는 고백이라고 생각할 수 있다.

그러나 융이 지향한 것은 다른 사람들이 그의 고백을 반복하도록 협력을 구하는 것이 아니라 그들이 자신이 할 수 있는 것을 배워서 자기 자신에게 몰두하도록 격려하는 것이었다. 그가 친구나 동료에게 되풀이하여 말한 것처럼 융학파라고 불러도 좋은 것은 융 본인뿐이다. "누구에게도 융학파가 되기를 원치 않는다. 무엇보다 자기 자신이 되기를 바란다."[3] 그러나 그가

---

[1] *MDR*, p.206.
[2] James Hillman, *Revisioning Psychology* (New York: Harper Colophon Books, 1977), p.xii.
[3] Van der Post, op. cit., p.4.

실제로 원하는 것은 그가 알고 경험한 진리를 가능한 한 정확하게 다른 사람과 나누는 것이었다. "나의 고유한 인식이야말로 내가 소유한 유일한 최대의 보물이다. 어둠의 강력한 힘에 비하면 매우 작고 덧없는 것이지만 그것은 역시 빛, 나 자신의 빛이다."⁴

융의 부모: 두 개의 유산

융의 생애는 개인적으로도 직업적으로도 부모의 영향을 많이 받았다. 아버지 요한 바울 아킬레스 융은 스위스의 루터파 목사로서 바젤 대학의 유명한 외과 교수인 칼 구스타프 융의 아들이었다. 어머니 에밀리에(舊姓. 프라이스베르크) 융은 대대로 신학자와 성직자를 배출해온 바젤의 정평이 나 있는 가정의 딸이었다. 이는 융이 그의 생활과 경력 형성과 방향 결정에 깊고 중요한 영향을 부모님에게서 받았음을 뚜렷이 나타낸다.

> 나는 부모와 조부모 그리고 더 먼 선조들이 미해결인 채 남겨놓은 의문들의 영향하에 있음을 강하게 느끼고 있다. 가족에게는 개인과 무관한 업Karma이라는 것이 있어서 그것이 부모에게서 자식들에게 전해지는 것으로 생각되는 때가 있다. 운명이 우리 조상에게 부과하고 아직 해답이 주어지지 않은 의문들에 나는 대답해야 하고, 지나간 과거에 매듭짓지 못하고 남겨둔 것을 완성시켜야 한다. 그리고 내게는 그 미해결의 의문들을 아마 계속해서 해결하지 않으면 안된다는 생각이 늘 있어왔다.⁵

융은 "신학이 아버지와 나를 소원하게 했다"⁶고 설명했던 일이 있다. 아버지는 전통적인 종교와 신앙에 관한 의문으로 가득 찬 융을 꾸짖었다. "너

---

⁴ *MDR*, p.88.   ⁵ 같은 책, p.233.   ⁶ 같은 책, p.93.

는 언제나 생각하려고 한다. 하지만 생각하는 것이 아니라 믿어야 한다!" 그러나 융은 조용히 마음속으로 대답했다. "아니오. 경험하고 알아야 합니다."[7]

융은 아버지의 종교와 대부분의 일상적인 그리스도교 신자의 종교는 "신학적 종교", 즉 하느님을 경험하는 것이 아니라 하느님에 대한 교리인 것 같다고 느끼기 시작했다. 은총과 같은 "의논이 분분한 문제"에 대한 설교를 하는 때에도 아버지의 "설교는 풍문으로만 알 뿐 자신도 믿지 않는 이야기를 하고 있는 것처럼 진부하고 공허하게"[8] 들렸다. 융의 판단으로는 그의 아버지는 "성서의 계명을 자신의 지침으로 받아들이고 성서가 정한 대로, 선조의 가르침대로 하느님을 믿고 있다". 그러나 "성서도 교회도 초월한 전능하시고 자유로운 하느님, 그 자유에 참여하도록 부르시고 직접 경험할 수 있는 살아 계신 하느님"[9]을 모르시는 것 같았다. 그 하느님의 성전은 전우주, 강과 산에서 "심연의 어둠"까지도 포함한다. 융은 뒤에 그 하느님을, 그의 개인적인 운명도 모든 시대와 공간도 그 내부에서 불가사의하게 형성된 "소멸시키는 불, 말할 수 없는 은총"[10]이라고 진술했다.

1896년 아버지가 돌아가시기 직전까지 교회의 교리와 신조에 대해서 비판적으로 생각하는 것을 거부하고 "옛날부터 조금도 변하지 않은 생기 없는 신학적 대답"을 되풀하는 아버지의 태도는 심각한 내적인 회의로 인도할 것이라는 사실을 융은 알고 있었다. 한번은 우연히 엿들은 아버지의 기도 소리에서 "신학적 종교"에 붙잡고 늘어지려는 고투가 분명히 느껴졌다. 그 신학적 종교를 신앙으로 잘못 생각한 것이 아버지의 비극이었다[11]고 융은 생각했다.

융은 이런 경험으로써 정통 신앙고백과 종교적 경험과의 관계에 일생동안 계속 관심을 가지고 애처롭게도 아버지가 발견하지 못한 것, 즉 종교적 신앙의 대상은 특정한 신조나 교리가 아니라 그것들이 가리키고 있는 직접

---

[7] 같은 책, p.43.   [8] 같은 책, p.43.   [9] 같은 책, p.40.
[10] 같은 책, p.56.   [11] 같은 책, pp.92 이하.

융

1867년의 융의 부모: 스위스 루터파 목사인 Johann Paul Achilles Jung (1842~1896)과 Preiswerk 가家 태생인 Emilie Jung (1848~1923).

1903년에 결혼한 Emma Rauschenbach와 Carl Gustav Jung. Emma Jung 자신이 심리학도로서, 성배聖杯 전설을 넓은 시야에서 연구하고 있었다. Emma가 Freud에게 보낸 편지는 많은 부수에 이르는 Jung과 Freud의 왕복서간 가운데서도 훌륭한 통찰을 보여주고 있다.

1909년 9월. Freud와 함께 Massachusetts 주 Worcester에 있는 Clark 대학에 초대되어 강의를 하고 명예학위를 받았다. 앞줄 왼쪽부터 Freud, G. Stanley Hall, Jung. 뒷줄 A. A. Brill, Ernest Jones(후에 Freud의 전기를 씀), Sandor Ferenczi.

1917년의 Jung과 아내 Emma와 자녀들(다섯 가운데 네 명): Franz, Agathe, Marianne, Gret. Château-d'Oex.

1936년 9월. Harvard 대학 300주년제에 초대된 Jung. 명예이학박사호를 받고 "인간의 행동을 결정하는 심리적 인자"라는 주제의 강연을 했다.

경험된 실체라는 사실을 보여주고자 노력했다. 약 40년 뒤에 Yale 대학에서 행한 Terry 강좌에서 자세히 진술하고 있는 것이지만, 융은 교리는 신앙 내용을 표현하기 위해 어느 정도 도움이 되고 또 필요한 것일지라도 종교적 신앙의 목적이 아니라 인간 영혼 안에서 반복해서 일어나는 "회개와 희생, 그리고 속죄의 희극drama"을 영혼이 표현하기 위한 수단이라고[12] 말하고 있다.

그러나 융은 신학적으로는 아버지와 의견이 맞지 않았지만 직업에 대해서는 문제가 없었다. 융에게는 성직자나 신학자가 되려는 희망이 없었기 때문이다. 그와 같은 길을 선택하는 데 대해서 그는 아버지로부터 수수께끼 같은 말로 경고를 받은 일이 있다.[13] 그러나 융은 아버지에게서 "영혼에 배려를 아끼지 않는 그리스도인"의 전형을 보았다. 융은 단호한 신학적 표면 뒤에서 "소중하고 관대한 아버지"[14], "많은 — 너무나도 많은 — 선善"[15]을 행한 사람을 찾아냈다. 그리고 그는 60년에 이르는 융의 직업생활의 특징이 되는 배려의 모델을 제공했다. 융이 나중에 말한 바와 같이 그리스도교도 심리요법도 하나의 "치료법"이다. 심리학자로서 융은 아버지의 사목적 과제를 자기 방식대로 계속할 수 있었다. 그러나 그 형식은 융 그 자신에게서 착상을 얻은 것으로서 그의 아버지로서는 그것을 알지 못했을 것이다.

융의 어머니는 이것을 보충할 유산을 그에게 남겨 주었다. 그녀는 남편과는 달리 직업 때문에 신앙을 방어해야 할 필요를 느끼지 못했기 때문에 쾌활하게 장난치며 반대의 역할을 종종 담당했다. 그녀는 잘 알고 있는 찬송가의 첫째 행이 멍청하다고 해서 익살스러운 변주곡을 만들어 즐기며 몇 번이고 노래를 불렀던 것을 융은 회상했다.

더욱 중요한 것으로서 습관적인 신앙생활의 경계를 초월하도록 어머니가 융을 도와준 것 같다. 융이 어렸을 때에는 인도의 "이교"의 내용이 담긴 책

---

[12] *CW* XI, p.46.
[13] *MDR*, p.75.
[14] Van der Post, op. cit., pp.79 이하.
[15] *MDR*, p.91.

을 소개시켜 주었고 대학에 들어갔을 때에는 괴테의 『파우스트』를 소개시켜 주었다. "인간을 어둠과 고통에서 구해내는 데에서"[16] 악이 담당할 수 있는 신비적인 역할에 대해서 융은 일생동안 관심을 기울였는데 그것은 『파우스트』에서 영향을 받은 것이다.

소위 심리현상 또는 초심리현상에 대한 지속적인 관심과 연구도 어머니의 영향이라고 생각된다. 그의 연구는 지엽적인 것이기는 하나 이러한 현상은 경험적이고 심리학적인 연구 가치가 있는 것으로서 계속 융의 주목을 끌었다.

초심리학에 대한 융의 관심은 1902년에 취리히 대학 정신 의학과에 제출한 학위논문으로 시작되었다. 처음에 교수들은 관심을 보이지 않았으나 몽유 경험이 있고 초심리 현상을 일으킨 15세 소녀의 사례연구가 심리학에 있어서 학문적으로 매우 흥미있는 것이라는 판단하에 관심을 가지게 되었다. 「소위 초자연적 현상Occult Phenomena의 심리학과 병리학」이라는 그의 학위논문은 2년에 걸친 이 소녀의 행동 관찰을 분석하고, 아울러 몽유, 기억상실, 히스테리성 간질에 대한 임상적 문헌을 모두 학문적으로 총괄해서 비판하고 있다. 초심리학에 대한 융의 관심은 처음에는 친구나 동료로부터 불신을 받았으나 어머니로부터는 격려를 받았다. 이것이 융에게 일생에 걸친 "폭넓은 경험주의" 자세를 키워주었다.[17]

아버지는 융에게 관습적인 신앙과 영혼에 대한 배려의 방법을 가르쳤다. 그러나 어머니는 관습적인 자세에서 벗어나 가능성을 탐색하고 전통주의의 벽에 저항할 용기를 심어주었다. 융은 부모로부터 받은 유산을 결합시켜 1900년 새로운 세기를 맞이하는 날이 가까이 다가올 때 비로소 자신의 직업을 선택했다.

---

[16] 같은 책, p.60.

[17] 융은 이렇게 설명하고 있다. "자유로운 창조적 공상의 나라를 답사할 때는 무엇보다도 폭넓은 경험주의에 의지해야 한다. 그리고 경험주의는 하나하나 결과의 정확성에 관해서는 과대하게 보는 것을 엄하게 경고하는데, 그렇다고 해서 비과학적이라고 비난받는 것을 두려워한 나머지 생긴, 관찰한 것을 입을 다물도록 강요하는 것은 아니다." CW IV, p.53.

선 택

대학 과정을 마치고 바젤에서 의사 국가시험 준비를 하고 있던 1899년 어느 날 융의 과거와 미래가 명료하고 구체적인 형태를 취하게 되었다. 그때까지 그는 몇 가지 직업선택의 가능성을 생각하고 있었다. 소년 시대의 화석, 곤충, 광물, 뼈 등의 수집은 고고학에 관심을 갖게 했다. 그러나 바젤 대학에는 고고학 과정이 없어서 자연과학을 선택했다. 이것 또한 살아 있는 것처럼 보이는 "모든 돌, 모든 식물, 모든 유일한 것"에 대한 애정의 반영이었다.[18]

융은 자연과학에 대한 관심과 균형을 유지하기 위해 인문과학에 대한 흥미도 활발했다. "양쪽 모두 나를 강하게 매혹했다"고 융은 기록했다. 16세에서 25세까지 사이에 플라톤Plato, 피타고라스Pythagoras, 엠페도클래스Empedokles에서 칸트Kant, 쇼펜하우어Schopenhauer, 헤겔Hegel, 신비주의자 마이스터 엑카르트Meister Eckhardt, 당시 대학에서 널리 논의되었던 니체Nietzsche까지 신학과 철학 책을 널리 읽었다. 의학을 선택했으므로 다음에는 전문분야를 결정해야 한다. 그는 외과와 내과 사이에서 선택의 기로에 서 있었다. 학생 때 해부학과 병리학의 성적이 좋았기 때문에 개인적으로는 외과를 좋아했다.

시험 준비 기간중에 이 딜레마는 저절로 해결되었다. 그는 정신의학 시험을 마지막으로 미루었다. 정신의학 강의는 융에게 유별나게 흥미를 끌지 못했다. 그런데 융에게는 당시의 의학계가 비난을 퍼부을 만큼 이 학과가 논의의 대상이 된 것이 의아스러웠다. 따라서 그는 이 분야의 전문가는 이 논의가 분분한 학과에 대해서 무엇을 말하고 있는지 궁금해하면서 크래프트-에빙Krafft-Ebing의 "정신의학 교본"을 집어들었다.

> 나는 서문의 서두에서 "정신의학의 교과서에 다소 주관적인 성격이 나타나 있는 것은 다분히 그 주제의 특수성과 아직 미발달의 단계에 있다는 사정에

---

[18] *MDR*, p.32.

의한 것이다"라는 문장을 읽었다. 몇 줄을 더 읽어 내려가니 저자는 정신병을 "인격의 질병"이라고 간주했다. 갑자기 심장이 뛰기 시작했다. 나는 똑바로 서서 심호흡을 하지 않을 수 없었다. 흥분은 강렬했다. 한순간의 섬광처럼 나에게서 가능한 하나의 목표는 정신의학이라는 것을 알게 되었다.[19]

이때까지 두 방향으로 나누어졌던 관심이 이제부터는 한 점으로 모아지는 것 같았다. "모든 곳을 찾아보았으나 어디에서도 발견하지 못했던 것, 즉 생물학적 사실과 정신적 사실, 모두에 공통된 경험적인 것이 여기에 있었다. 자연과 정신의 충돌이 일어나는 곳을 드디어 여기서 발견했다"[20]고 융은 진술하고 있다.

1900년 12월 10일 취리히의 부르크횔츨리Burghölzli 정신병원에 조수로서 자리잡고 처음 6개월간 정신의학의 종합잡지 『일반 정신 의학 잡지』Allgemeine Zeitschrift für Psychiatrie 전 50권을 읽는 데 몰두하여 "정신의학적 사고법"을 친히 알고 나서 융은 중요한 임무에 착수했다.

융의 "중요한 임무"

요한 볼프강 괴테Johann Wolfgang Goethe는 서사시 「파우스트」Faust를 자신의 "중요한 임무"라고 말한 일이 있다. 융은 자신의 일생을 자세히 말하면서 다음과 같이 쓰고 있다. "열한 살 때 나는 '중요한 임무'인 유일한 일을 시작했다. 나의 일생은 오직 하나의 관념, 목표에 의해서 가득 차고 통일되어 있다. 즉, 나는 인격의 비밀을 이해하려고 했다. 나에 관한 것은 모두 이 중심점에서 설명할 수 있다. 나의 일은 모두 유일한 이 주제에 관계되어 있다."[21]

---

[19] 같은 책, pp.108 이하.   [20] 같은 책, pp.108 이하.   [21] 같은 책, p.206.

융이 부르크휠츨리 병원에 들어갔을 때 이 "중요한 임무"는 특별한 형태로 수행되었는데, 그것은 그가 정신병의 파괴력을 자신의 눈으로 직접 봄으로써 그의 마음속에 격렬하게 타오르는 의문을 갖게 되었다는 것이다. 즉, "정신병자의 내부에서는 실제로 무엇이 일어나고 있는가?" 하는 것이다.

프로이트에 뒤이어 융이 정신의학에 심리학을 도입할 때까지는 정신병은 주로 신체적 질병의 하나의 증후로 다루어졌다. 치료는 표면적인 것이 대부분이었다. 환자는 우선 정신분열증형, 알콜성 신경쇠약형, 긴장형, 환각형 등으로 분류되고 치료는 최면성의 진정제를 투여하는 것이 고작이었으며 심한 경우에는 자살 방지책밖에 취하지 못했다. 환자가 죽으면 뇌조직의 슬라이드를 만들어 실험실에서 분석이 행해졌다.

「구금중에 있는 죄수에게 나타난 히스테리성 의식 혼탁의 한 사례」(1902), 「조병躁病에 의한 정서적 장애」(1903), 「정신이상의 위장」(1903), 「히스테리성 오독誤讀」(1904), 그리고 「조발성 치매의 심리학」(1906) 등의 논문을 분주히 집필하면서 융은 정신병과 정신병자에 대한 새로운 태도가 형성되어 가는 것을 깨달았다.

첫째로 정신병의 기원은 신체적인 것이 아니라 정신적인 것, 병든 몸의 기능이 아니라 병든 인격 내지 마음의 표현이 아닌가 하고 융은 의심하기 시작했다. 둘째로는 소위 정신병의 증후 — 환각적, 망상적 언어, 강박행위 — 는 다만 무의미한 헛된 것이 아니라 환자의 병과 그 배후에 있는 비밀을 푸는 열쇠를 줄지도 모르는 중요한 단서는 아닐까 하고 의심하기 시작했다. "환자와 공동작업을 통해서 망상관념과 환각에는 의미의 싹이 들어 있음을 깨달았다. 정신병의 배후에는 하나의 인격, 생활사, 희망과 욕구의 유형이 숨어 있다"[22]고 융은 말했다. 그와 같은 희망이나 욕구는 비록 아무리 괴이하고 색다를지라도 특정한 단어와 행위의 자세를 통해서 암호

---

[22] 같은 책, p.127.

형태로서 자주 표현되는 것을 융은 알았다. 그 암호를 해독하기 위해서는 정신병의 증후를 질병이 표현하는 독특한 언어로써 진지하게 받아들이고자 하는 의사가 필요하다.

융이 근무를 시작한 지 얼마 되지 않아 부르크횔츨리에 특별히 눈에 띄는 두 가지 사례가 있었다. 첫째는 39세의 여성 환자 바베테Babette로 의사들의 진단은 "특유의 과대망상"을 수반한 "망상형 조발성 치매"[23]였다. 그 여자의 사례는 수백명의 의학도가 사용하는 교재에 실렸다. 그 여자는 누가 보아도 완전히 제정신을 잃고 "전혀 의미를 알 수 없는 괴상한 말을, 예를 들면 '나는 소크라테스의 대리인이다'라든가 '나는 옥수수 가루를 기초로 한 건포도가 든 케이크이다'라든가 '나폴레옹과 나는 세계에 국수를 공급하지 않으면 안된다' 등의 말을 해댔다. 융은 이 여자의 상상력의 언어가 불합리함에도 불구하고 흥미를 가지고 '그 여자의 난해한 발언내용을 이해하려고' 전력을 다했다".

융은 이따금 바베테의 발성의 논리를 희미하게 감지했다. 회진 의사가 바베테의 이상한 지껄임에 대해서 그를 뒤따르고 있는 학생들에게 "나는 무슨 뜻인지 모른다"라고 응하는 것을 융은 주목했다. 이것을 독일어로 쓰면 "Ich weiss nicht was soll es bedeuten"*인데 이 말에 바베트는 "나는 로렐라이"라고 대답했다. 담당 의사는 이것을 무의미한 발언으로밖에 생각하지 않았으나 주의를 집중하고 있던 융은 바베테가 연상聯想을 말하는 것을 깨달았다. 다른 의사들은 무심코 지나쳤으나 그들이 사용한 말은("Ich weiss nicht was soll es bedeuten") 유명한 "로렐라이"The Lorelei라는 가곡의 첫 구절이었다. 그런데 이 가사는 라인강에 사는 마녀가 지나가는 선원을 마력적인 노래로 유혹하여 그들의 배를 바위에 부딪치게 하여 난파한다는 이야기이다. "환자가 둔감하고 무감각하게 또는 완전히 치매로 나타날지라도 그 중심에서는 밖에서 보는 것보다 그 이상의 더 의미있는 것이 일어나고 있다"

---

[23] 같은 책. pp.125 이하.　　* 하이네의 시에 나오는 「왠지 모르지만」의 부분.

는 사실을 융은 깨닫기 시작했다. "결국은 정신병자에게 나타나는 것도 새로운 것이나 미지의 것이 아니다. 오히려 우리는 자신의 본성의 기층을 만난다."[24]

둘째 사례는 좀더 나이를 먹은 75세 여성의 경우로 그녀가 입원한 지는 50년이 지났고 벌써 40년 동안이나 누워만 있었다. 35년간 근속한 수간호사를 제외하고서는 그녀의 과거에 대해서 그저 조금이라도 기억하고 있는 사람은 병원에는 없었다. 그 여성은 말을 할 수 없었고 대부분 유동음식을 주로 손으로 먹었다. 그러나 먹지 않을 때는 "그녀가 손과 팔을 묘한 율동으로 움직이는" 것을 융은 발견했다. 진단은 "긴장형 조발성 치매"였는데 이것은 융이 "이 기묘한 동작의 의미와 기원을 이해"하는 데에 조금도 도움이 되지 않았다.

융은 어느 날 밤 병동 안을 걷다가 대답을 찾았다. 융은 그녀가 여전히 불가사의한 동작을 하고 있는 것을 보고 다시 "왜 이렇게 하지 않으면 안 될까?" 하고 물었다. 그리고 노수간호사에게 가서 저 환자가 항상 저래왔는지를 물었다. 그러자 그녀는 "예, 그런데 나의 선임자였던 노수간호사는 저 사람이 구두를 만들고 있다고 말했습니다"라고 대답했다.

누렇게 바랜 진료부를 열심히 살펴보니 "구두수선공의 동작을 하는 버릇이 있다"라는 상당히 오래된 기재사항이 나타났다. 옛날 구둣방에서는 구두를 양 무릎 사이에 놓고 이 여성이 40년간 반복해온 동작으로 구두를 꿰매는 실을 위로 쳐들고 작업을 했던 것이다. 몇 개월 뒤에 그 환자가 세상을 떠났다. 융은 장례식에 가서 그 환자의 동생으로부터 질병이 생기게 된 사건을 알게 되었다. 그것은 어떤 구두 제조공과의 비극적인 연애 사건이었다.

부르크휠츨리에 와서 이렇게 몇 년이 지나 융은 모든 정신병과 그 기묘한 현상의 배후에는 어떤 한 이야기가 있다는 명제를 만들어내려 했다.

---

[24] 같은 책, p.127.

"치료를 실제로 시작하는 것은 그 개인적인 이야기에 대한 조사가 완전히 끝난 다음의 일이다. 그것이 환자의 비밀이며 환자가 부딪쳐 부서진 바위인 것이다"라고 융은 단언했다. 남은 문제는 그 비밀에 이르는 길을 의사가 어떻게 찾을 것인가 하는 것이다.[25]

말과 그 의미

융이 정신병의 비밀을 간파하기 위해 처음으로 고안한 방법은 언어연상言語聯想 실험으로 이것은 1912년의 일이다. 이 방법은 먼저 찰스 다윈Charles Darwin의 조카인 프란치스 골튼 경Sir Francis Galton이 지능의 실험을 위해 계획해서 사용하였으나 성공을 거두지 못한 것이다. 골튼은 스톱워치를 손에 들고 피험자에게 몇 개의 단어를 몇 번 반복해서 들려주고 다음에 피험자에게 처음에 머리에 떠오른 일련의 단어를 말해주도록 의뢰했다. 골튼은 개인의 반응시간과 연상의 유형에 대해서 대량의 자료를 모았으나 지능의 유효한 척도가 될 만한 것은 발견하지 못했다. 그러나 융은 어떤 단어가 특정한 개인에게 불러일으키는 "연상"을 통찰하게 하는 데 있어서 반응시간의 변동이 심리학적 의미를 가질지도 모른다는 착안에 근거하여 이 실험에 관심을 가졌다.

융은 처음에 부르크휠츨리 병원의 담당환자와의 공동작업에서 100개의 단어 목록을 작성했다. 그들 단어는 몇 개가 묶여서 짝이 되어 — 실제로는 무질서하게 배치되어 있는 것이지만 — 융이 환자에게서 관찰한 여러 가지 병상의 배후에 있는 문제에 가정, 직업, 종교에 관한 문제에서 전형적인 인생 경험에 이르기까지 대부분의 문제에 관련하도록 고안되었다. 대표적으로는 다음과 같은 단어가 조합되어 있다.

---

[25] 같은 책, pp.117, 124 이하.

1. 머리	7. 배	13. 개구리
2. 녹색의	8. 호수	14. 백색
3. 물	9. 여행	15. 집
4. 노래부르다	10. 청색	16. 나이 많은
5. 죽음	11. 부자	17 …
6. 길다	12. 새	

융은 환자와 함께 앉아서 이 단어를 1개씩 읽어주고 "처음에 머리에 떠오르는 말을 가능한 한 빨리 대답하도록" 그것도 어구가 아니라 한 단어로 대답하도록 부탁했다.[26]

그 결과는 융의 흥미를 끌었다. 특정한 자극어에 대한 환자의 반응시간이 명백하게 지연을 보인 예가 몇 개 있었는데 평균해서 1.2초였다.[27] 때로는 4초 혹은 5초, 또는 1분을 기다려도 반응이 나오지 않는 경우도 있고 완전한 "사고 방해"가 일어나서 환자가 전혀 반응하지 못하는 경우도 있었다. 그럴 때 융이 환자에게 "왜 그러냐?"고 물으면 대부분 이유를 말할 수 없었다. 실제로 대부분의 경우 그 개인은 반응의 지연을 전혀 의식하지 못했다.

융은 그밖의 변칙적인 반응에도 주목했다. 때로 환자는 웃음이나 신체적 경련으로 반응하고 다른 경우에는 외국어의 단어나 어구로 대답하거나 단순히 자극어를 되풀이하는 경우도 있었다. 어느 경우에도 자극어는 어떤 연상을 촉진하는 것 같았다. 여기서 융은 그 연상이 부수적인 정서적 반응을 재촉하고 그것이 환자로 하여금 정상적인 반응을 전혀 하지 못하게 하거나 또는 "일시적으로 기능 정지"를 일으킨다는 가설을 생각하기 시작했다.

융은 언어연상 실험에 대한 관심과 신뢰가 높아감에 따라서 거기에다 언어반응의 지연에 부수해서 생길지도 모르는 맥박이나 호흡수 등의 생리학적 변화를 측정하는 장치를 더했다. 그리고 정신 전류계도 사용했다. 이것은 피험자의 몸에 약한 전류를 흘려서 여러 가지 자극어에 반응할 때 생길

---

[26] CW II, pp.439-463, 특히 p.440. [27] 같은 책, p.217.

지도 모르는 몸에 흐르는 전류량의 변화를 측정하는 장치이다. 그 결과는 양성이었다. 반응의 지연 또는 변칙적인 반응에는 거의 언제나 피험자의 호흡, 심장 그리고 경련을 일으키는 진도에 상응한 생리적 변화가 따른다는 것을 융은 발견했다.

 융의 연구를 알고 유럽과 미국의 정신과 의사들은 많은 관심을 보였다. 융은 1909년 가을, 이 업적이 인정되어 Massachusetts 주 Worcester에 있는 Clark 대학에서 명예 박사학위를 받으러 지그문트 프로이트와 함께 미국에 갔다. 융은 1906년에 처음으로 프로이트에게 편지를 보내고 만났다.

 융이 언어연상 실험에서 배운 것은 첫째로 금후 연구 전체의 원리가 되는 진리, 즉 일정한 단어 내지 관념은 어떤 사람들에게 있어 "감정의 색조를 띠고" 어떤 "무의식적 요소"를 전하게 되는데 "그 요소는 그 관념이 상기될 때마다 그 관념에 색채를 주는"[28] 것이지만 때로는 압도적인 정서적 반응의 방아쇠가 될 만큼 심오한 연상을 수반하게도 된다는 사실을 발견했다.

 둘째로 그는 "심리적 콤플렉스"라는 개념에 도달했다. 그뒤 몇 년 동안 융의 "심리학"은 일반에게 "콤플렉스 심리학"으로 일컬어지게 되었다. 콤플렉스Complex라는 개념은 어떤 환자에게 반응의 지연을 야기하는 단어 몇 개가 서로 관련되어 "감정의 색조를 띤" 말의 집단, 즉 "복합체"Complex를 형성하고 있는 듯하며 그러한 말은 모두가 과거의 공통의 외상성traumatic 사건이나 문제가 됐던 인생 경험을 지적하는 것 같다는 융의 관찰에서 유래했다.

 예를 들면 언어연상 실험표에서 볼 때 서로 멀리 떨어진 네 단어가 어떤 환자에게 매우 변칙적인 반응을 야기하는 것을 융은 발견했다. 그 네 단어는 불, 배, 호수, 수영이었다. 이러한 말이 그 환자에게 어떠한 의미를 갖는지를 추구하는 가운데 익사에 의한 자살을 생각하고 있다는 사실을 환자에게 분명히 자각시킬 수 있었다. 감정이 실려 있는 용어인 "콤플렉스"는 환자의 정서의 영역 내지 심리의 영역에 환자와 의사에게 지금까지 감추어

---

[28] *M&S*, p.40.

져 있던 불안감의 주된 원인을 확인시켜 주는 좌표점을 제공한다.

셋째로 융은 콤플렉스가 명백한 자율성을 지닌 것을 발견했다. 그 자율성에 그는 생애 내내 감명을 받았다. 환자의 반응이 지연될 때 그것은 환자가 자기 의지로 그렇게 하는 것이 아니다. 의식의 지령에 의한 반응이 아니라 오히려 의식의 지배가 미치지 않는 깊은 곳에서 솟아나온 것처럼 보이는 무의식적이며 우연한 반응이다. 따라서 감정의 색조를 띤 콤플렉스는 말하자면 제2의 인격과 같은 것으로서 개인의 의식적인 의도와 무관하게 작용할 뿐만 아니라 의도에 역행하는 행동을 하는 경우도 적지 않은 것으로 생각된다. 융은 이것을 "우리가 콤플렉스를 가지고 있는 것이 아니라 콤플렉스가 우리를 소유하고 있다"고 표현했다.

융은 언어의 연상에서 얻은 자료가 환자의 병의 핵심에 대한 통찰을 가능하게 한다는 중대한 발견으로 말미암아 환자의 내면세계를 탐색하는 보다 유효한 방법을 찾고자 1903년에 처음에는 마음이 내키지 않았으나 꿈에 관심을 갖고 그것이 환자의 이야기를 이해하는 데 도움이 될 수 있는지를 생각하게 되었다.

꿈

융은 프로이트의 『꿈의 해석』을 1900년에 읽었으나 25세 당시에는 아직 그 의미를 파악할 수 없어서 방치해 두었다. 3년 후에 융은 그 책을 다시 집어들었다. 다시 50년 후에 "꿈을 무의식적인 과정에 관련한 가장 중요한 정보 출처로서"[29] 재발견하고 프로이트를 칭찬했다.

프로이트의 연구에 대한 융의 관심이 다시 불이 붙은 것은 환자의 문제의 핵심에 대한 언어연상 실험에 뒤지지 않은 명쾌한 통찰을 꿈이 제공한다는 프로이트의 주장에 의해서만이 아니라 융 자신이 정신분열증 환자의

---

[29] MDR, p.169.

환각이나 이상한 언어는 꿈과 같은 소재로 되어 있는 것이 아닌가 하고 생각했기 때문이다.

대부분의 사람이 그랬지만 융도 꿈에 대한 의문, 꿈은 무엇을 의미하는지, 어디에서 오는 것인지를 알고 싶은 마음이 어려서부터 있었다. 실제로 그는 4세 때에 아주 마음에 걸리는 꿈을 꾸었다. 그는 꿈에서 이상한 나라의 엘리스와 같이 어둡고 벽을 돌로 붙인 구덩이에 떨어졌는데 그것은 아버지의 목사관에서 가까운 초원에서 본 일이 있는 구덩이였다. 구덩이의 바닥은 약간 어두운 빛이 비치는 장방형의 방으로 열려 있었다. 그리고 그 중앙에 황금색 옥좌가 있었다. 그 옥좌를 올려놓은 좌대가 발기한 남근상이었다는 사실을 훨씬 뒤에야 융은 깨달았다.[30] 그때에 그리고 그후에도 오랜 세월 동안 융을 괴롭힌 것은 왜 사람들은 이러한 꿈을 꾸느냐는 것이었다. 그가 이러한 마음을 혼란시키는 꿈을 꾸려고 했던 것은 아니다. 그러면 그 원인은 무엇인가? "하느님이 그러한 꿈을 보낸 것일까?" 하고 소년은 스스로 물었다. 만일 그렇다면 무슨 까닭으로 그렇게 하셨는가?

부르크휠즐리 병원의 수련의가 된 융은 그 의문을 다시 집어들었다. 단 이번에는 새로운 의문점에 흥미를 가졌다. "나의 무의식이 자극을 받아 만들어낸 이 이상한 보상적인 산물에는 어떠한 의미가 있는가? 이 특정한 실험에 나타난 이 특정한 꿈에는 어떠한 의미가 있는가?" 물론 융은 다음과 같이 대답했다. "나의 통찰이 오랜 시간 동안 천천히 무르익어서 어느 순간 그것이 갑자기 꿈에 나타났다고 말할지도 모른다. 사실 그런 일이 일어난 것이다. 그러나 이 설명은 단지 기술에 불과하다. 진정한 의문은 이런 과정이 왜 일어났는지 그리고 왜 의식에 나타나느냐 하는 것이었다."[31]

그로부터 17년간, 아니 사실을 말하면 반세기에 걸쳐서 약 80,000개의 꿈을 환자와 함께 검토하면서 꿈 자체와 그 꿈을 이루는 이미지는 어디서 오는지, 꿈에 나타난 이야기 줄거리의 의미와 유래는 어떤 것인지, 꿈의

---

[30] 같은 책, pp.11-12.   [31] 같은 책, p.89.

유형에 있어서 명확한 차이는 어떻게 생겨나는 것인지, 그리고 특히 꿈을 꾼 사람의 생애와 성장에서의 꿈의 과정 그 자체의 의미는 무엇인지, 등등의 그러한 의문에 대한 대답을 융은 계속 찾았다.

꿈은 어디서 생기는가? 우선 첫째로 개개의 꿈을 꾸는 사람의 내부에서 꿈은 생긴다고 말하지 않을 수 없다. 개인의 꿈은 그 사람 자신의 외부에서 오는 것이 아니라 내부에서 생긴다. 꿈은 완전히 자연발생적으로 꿈을 꾸는 사람의 무의식 가운데서 나타나는 것인데 그 사람의 프시케psyche 전체 속에 어떠한 구성 요소에 의해서 예정되고 무대 정면으로 보내지는 것이다. 꿈은 꿈을 꾸는 사람이 의식적으로 만들어내는 것이 아님은 분명하다. 실제에 있어서 "꿈을 꾸는 사람이 꿈을 꾼다"고 하기보다도 "꿈을 꾸는 사람의 마음 속에서 꿈이 자기 자신을 꿈꾼다"고 하는 편이 정확한 서술인지도 모른다. 어쨌든 융의 표현에 의하면 꿈이란 꿈을 꾼 한 사람 한 사람의 프시케의 기능이고 산물이다. 꿈은 "꿈을 꾸는 사람 자신이 배경이고 배우이며 후견인, 제작자, 작가, 관객, 비평가 등 그 전부에 해당되는 극장이다."[32]

개개의 꿈의 등장 인물과 이미지의 유래에 대해서는 편집되고 초현실적인 형태를 취하는 경우가 많아도 그 개인의 일상적인 연상에서 생기는 것이 보통이다. 꿈의 연구에서 알려진 대표적인 이미지에는 나무, 이웃, 고인이 된 친척, 카드, 수도꼭지, 자동차, 거미, 뱀, 개구리, 원숭이, 대통령, 영화 스타, 스포츠 선수 등 공적으로 유명한 사람 또는 동전, 수영장, 비행기, 보트 등이 있다.

꿈의 "이야기에서 취급하는 줄거리"의 유래는 훨씬 중요한 요소인데, 이것도 역시 꿈을 꾼 사람의 내부에서 연유한다. 그것은 비유적인 이야기와 비슷한 형태로 꿈을 꾼 사람의 정신상태에 대해서 이야기를 하고 의식적 또는 무의식적 수준에서 그 사람의 생활 속에 있는 갈등, 희망, 욕구, 문제 등의 주제들을 언급한다.

---

[32] *CW* VIII, p.266.

융은 곧 꿈의 유형을 분류하기 시작했다. 융은 그 가운데 하나인 단서를 제공하는 꿈은 분석 초기에 종종 나타난다는 것을 알았다. 분석을 받기 시작한 사람이 처음으로 보고하는 꿈은 그 실험에 참여한 사람의 생활 가운데서 "무의식의 프로그램 전체"의 개관을 제시하는 것이 많고, 또 그 사람의 "비밀", 즉 치료를 받으러 온 계기가 된 문제에 대한 예비적인 통찰을 축소된 형태로 제시하는 경우도 종종 있다.[33]

다음 유형은 회귀回歸하는 꿈이다. 융은 몇 주간, 몇 개월, 또는 몇 년의 시간적 간격을 두고 같은 꿈을 꾸는 현상을 많은 사람이 경험하고 있다는 것을 알았다. 회귀하는 꿈의 대표적인 예는 기차를 놓치는, 비행기를 타는, 시험에 실패하는, 의복을 입지 않거나 또는 원고를 가져오지 않고 청중 앞에 끌려나오는, 집안에 지금까지 몰랐던 새로운 방을 발견하는, 이해하기 어려운 인물에게 추적을 당하는, 웬일인지 고장난 자동차를 운전하는, 큰 건물 안에서 길을 잃는 꿈 등이다.

그다지 일반적이지는 못하지만 많은 수가 증언하는 것 중에는 앞일을 예상하는 꿈anticipatory dream이 있다. 최근에는 ESP(초감각적 지각)의 꿈이라고도 불리는데 이것은 꿈꾸는 사람의 장래에 일어날 사건을 예시하는 것으로 생각된다. 융은 이러한 우연한 일치를 이해하고 있다고 주장하지는 않지만 그 증언의 양을 고려해 볼 때 심리학의 연구자가 과학적으로 주목하고 좀 더 중시해도 좋을 만하다고 생각했다.

넷째 형은 화가, 음악가, 철학자, 시인, 과학자, 극작가 등이 보고한 실제로 일어났던 것 같은 선명한 꿈lucid dream이다. 그들은 업무상 현재 해결을 시도하고 있는 문제의 해결책이 꿈에 나타난다든가, 예술이나 과학의 새로운 계획에 필요한 아이디어가 꿈에 나타나곤 한다는 것이다. 예를 들면 19세기의 화학자 케쿠레Kekulé는 벤젠benzene의 분자구조라는 난제와 씨름하고 있을 때 꼬리를 입에 문 뱀의 꿈을 꾸고 벤젠 환環이라는 정답의

---

[33] *CW* XVI, p.158.

힌트를 얻었다. 그리고 로버트 루이스 스티븐슨Robert Louis Stevenson은 인간이 지닌 양면성을 묘사하려는 소설의 줄거리를 오래 찾고 있다가 꿈속에서 처음으로 지킬 박사와 하이드 씨Dr. Jekyll and Mr. Hyde를 만났다. 마찬가지로 사무엘 테일러 콜리지Samuel Taylor Coleridge도 먼저 꿈에서 쿠빌라이 칸을 만난 것이다. 그후의 연구에서 밝혀진 것은 데카르트Descartes, 괴테Goethe, 톨스토이Tolstoy, 슈만Schumann, 바그너Wagner 모두가 작업에서 꿈의 도움을 받았다.

다섯째 유형은 큰 꿈 또는 위대한 꿈이다. 융은 이 유형의 꿈은 동아프리카의 엘고니Elgonyi 족을 방문했을 때 처음 알게 되었다. 그들은 마법사, 족장, 주술사가 꾸는 꿈은 공동체 전체의 생활과 운명에서 중요한 의미가 있을지도 모르기 때문에 전원이 나서서 검토해야 할 것으로 간주했다. 존 니하르트John Neihardt의 고전적 연구서 『검은 사슴이 말한다』는 오글라라 시우스Oglala Sioux 족의 같은 현상을 보고하고 있다. 요셉 이야기에서 파라오의 꿈*이 중요시되었던 것과 마찬가지로 현대에서는 마틴 루터 킹 2세**의 "꿈"을 염두해 볼 수 있다.

환자의 정신생활psychic life에서 꿈의 역할을 고찰하면서 융은 성서와 고대 고전에 나타난 꿈의 연구를 새로운 눈으로 평가하기 시작했다. 탈무드***를 쓴 랍비들은 해석되지 않은 꿈은 개봉되지 않은 편지와 같다고 주장했다. 욥기의 저자는 하느님은 "사람들이 깊은 잠이 들 때 그리고 침대에서 졸 때 꿈 또는 환상 속에서 사람들의 귀를 열어 주시고 깜짝 놀라게 하시어 악한 일에서 손을 떼게 하신다"고 썼다(33,15-17). 마찬가지로 사도행전의 저자는 젊은 사람이 환상을 보고 노인이 꿈을 꾼 것과 같이 새로운 계시의 시대에 대해서 증언하고 있다(요엘 2,28; 사도 2,17). somnia a Deo missa(꿈은 하느님께서 보내셨다)라는 중세의 말도 같은 것을 반영한다. 이러한 것들

---

* 창세기 41장.   ** Martin Luther King, Jr (1929~1968): 미국 목사. 흑인해방운동 지도자.
*** Talmud: 유대인 율법의 집대성. 구전 율법의 집성인 본문 Mishna와 그 주석인 Gemara로 이루어졌다.

에 비추어 볼 때 꿈에 대한 그의 관심과는 달리 많은 신학자, 성직자가 보여주는 불신과 무관심은 융에게는 아이러니컬하게 느껴졌다.

융이 꿈에 관해서 제안한 가설의 하나는 개인의 정신 발달psychic development을 위해서 꿈이 건설적이고 보상적인 기능을 수행한다는 것이다. 프로이트는 꿈을 무의식의 억압된 내용이 고의로 위장된 형태로 나타난 초상이라고 생각한 반면 융은 인간 프시케Humans psyche 안에는 꿈을 만들어내는 기구의 프로그램이 있는 것으로 보았다. 이것이 프로이트와 융의 다른 점이다. 조셉 캠벨Joseph Campbell의 말을 빌려 말하면 "융의 생각으로는 꿈이란 자기를 조절하는 정신적인 조직의 자연적인 반응이고, 따라서 보다 높은 수준의 잠재적인 건강상태를 가리킨다. 무의식이 의식에 대해서 취하는 태도는 보상적이고, 무의식의 산물인 꿈이나 공상은 올바를 뿐 아니라 장래에 대한 전망을 가지고" 현재의 프시케가 장래의 자기 자신을 향해 나가고 있는 방향에 "단서를 준다".[34]

융은 1937년에 Yale 대학에서 행한 테리 강좌에서 꿈의 보상적인 기능의 한 예를 들었다. 어떤 지적 수준이 매우 높은 과학자가 융에게 도움을 청하러 왔다. 로마 가톨릭계의 교육을 받았으나 신앙생활을 포기한 지는 상당히 오래되었고 종교에는 일체 관심을 갖지 않았다. 다시 말하면 "누군가로부터 종교적인 견해를 질문받으면 다만 대경실색하는 과학적인 심성을 지닌 지식인의 한 사람이었다. 그런데 그 사람이 융에게 말한 400개의 꿈의 이야기 가운데 74개는 명백히 그리고 정교하게 종교적인 주제를 다루고 있었다. 그 꿈 가운데 몇 개를 상당한 시간을 들여 분석한 결과 그 사람은 의식적인 수준에서는 종교를 포기했지만 그 사람의 무의식은 여전히 종교를 존중하고 있다고 융은 해석했다.[35]

융에 의하면 프시케의 이러한 보상적 기능은 꿈과 밀접한 관련이 있는 상상적인 기능뿐만 아니라 우리 자신의 심층에서 자주 자연발생적으로 나

---

[34] Joseph Campbell, *The Portable Jung* (New York: Viking Press, 1971), pp.xxii-xxiii.
[35] *CW* XI, pp.24 이하.

타나는 미술, 문학, 우화, 신화에도 나타나는 것이다. 융의 환자 중의 한 사람인 지성적인 젊은 여성의 이야기를 그는 예로 들고 있다. 융은 그 젊은 여자와 공동작업을 시작하면서 그 여자를 전에 진찰한 의사들에게 치유의 가능성이 있는지의 여부를 문의했다. 그들의 대답은 부정적이었다. 그러나 융은 치료를 계속하는데 그림을 그리게 하는 일에서 시작했다. 융의 기술에 의하면 그녀가 그린 한 장의 그림은 "한 소녀가 날아가는 새에게 새장으로 돌아오라고 간청하듯이 문을 연 새장을 오른손에 들고 있다. 그녀는 아프리카의 주술사들과 같은 일을 하고 있다. 그들은 밤에 새장 문을 열어 놓고 그래서 밤사이에 도망갔던 영혼을 잡아서 그 주인에게 되돌려 준다. 이것은 아름다운 그림이다". 그리고 "그 그림은 무엇인가가 일어날지도 모른다는 것을 보여준다"고 융은 생각했다. 그 젊은 여자는 사실 치유되었다. 융의 해석으로는 그 그림은 프시케의 무의식적인 심층의 소리이고 아직 실현되지 않은 또는 의식적인 경험에 알려지지 않은 프시케의 전체성을 갈망하고 기대하는 것을 나타낸다.[36]

환자의 삶에 있어서 꿈의 역할에 대해 일생동안 연구한 것을 토대로 융이 얻은 결론은 꿈은 연상실험보다 "신경증의 내용에 대한 더 많은 정보"를 제공하고 연상실험이 밝혀낸 동일한 갈등과 콤플렉스를 더 구체적으로 충분히 나타낸다는 것이다. 융에게 있어서 꿈은 인간의 정신상태psychic state를 투시하는 일종의 X선으로 그렇게 있을 수 있다든가 꿈을 꾼 사람이 그렇게 되고 싶다고 생각하는 대로가 아니라 "있는 그대로"[37]를 보여주는 "영혼의 가장 깊숙하고 가장 비밀스러운 은신처에 있는 숨겨진 작은 문"[38]이며 꿈을 꾼 사람과 분석가에게 환자가 부딪쳐서 깨진 "바위" — 환자의 비밀 — 를 처음으로 보여줌과 동시에 거기에서 벗어나는 탈출구도 제공한다.

---

[36] E. A. Bennet, *What Jung Really Said* (New York: Shocken Books, 1966), p.114.

[37] *CW* XVI, p.142.

[38] Jolande Jacobi, *Complex, Archetype, Symbol in the Psychology of C. G. Jung*, tr. Ralph Manheim. Bollingen Series LVII (Princeton: Princeton University Press, 1959), p.125에 인용되어 있다.

융은 관심을 기울여 꿈의 연구가 열어준 길을 따라갈 결심을 했다. 자기 자신의 무의식의 심층으로 내려가서 그 넓이를 측정하고 아직 안내도가 없는 프시케의 오지에서 가능한 한 분명한 지도를 작성하고자 하는 다소 위험한 결의를 그가 굳힌 것도 환자의 의식을 그렇도록 자주 지배하고 압도하는 근거없고 당혹스러운 이미지를 그 자신이 알고 이해하지 않으면 환자에게 도움이 될 수 없다는 것을 알았기 때문이다. 그의 이런 결의는 마침 프로이트와의 결렬과 시기적으로 일치하고 융 자신의 심리학의 특징을 더 명확하게 규정하게 되었다.

프로이트와의 절교

1906년에 편지 왕래를 시작한 지 3년 후에 프로이트는 융을 "장자"長子로서 양자로 삼고자 하는 바람을 털어놓고 "후계자", "황태자"로 지명했다. 1910년에 융이 국제 정신분석회의의 종신의장이 된 것도 실은 프로이트의 간청에 의한 것이었다. 그러나 1913년에 프로이트와 결별하면서 의장직을 사임했다.

융은 1910년 제2회 정신분석학회장에서 프로이트와 이야기를 나눌 때 두 사람의 입장에 기본적인 차이가 있음을 깨달았다. 프로이트는 융에게 "성욕설을 결코 버리지 말아달라"고 간청하면서 "이것은 극히 중요한 점입니다. 이것을 교의로 해서 절대로 흔들리지 않는 방벽으로 삼지 않으면 안됩니다"라고 말을 계속했다. 융은 좀 놀라서 물었다. "방벽이요! 무엇에 대한 방벽이지요?" 프로이트는 대답했다. "신비주의occultism라는 검은 흙탕물에 대한 것이지요."[39] 융은 두 가지 점에서, 즉 프로이트의 성 이론과 신비주의라고 일컫는 것에 대해서 프로이트와 의견이 달랐다. 융은 프로이트가 신비주의라고

---

[39] *MDR*, pp.150 이하.

말한 것을 철학과 종교에 대한 그 자신의 지대한 관심과 초심리학parapsychology
에 대한 보다 새로운 심리학적 관심을 의미하는 것으로 해석했다.

1912년의 『변용의 상징』Symbols of Transformation 2권의 간행이 사태를 결정했
다. 융은 집필중에 이 연구가 프로이트와 관계를 회복할 수 없는 단절을
야기할 것을 확신하고서는 2개월간 작업을 할 수 없었다. 결국 이 점을 극
복하고 융이 간행한 논문은 두 가지 중요한 점에서 프로이트의 이론에서의
이탈을 분명히 했다.

첫째로 융은 리비도Libido, 즉 심리적Psychic 에너지에 대한 새로운 이론을
제창했는데, 이것은 마음의 역학에서 프로이트가 성性에 부여한 주요한 역
할에 타격을 주는 것이었다. 프로이트는 리비도를 주로 본능적인 충동, 즉
기아, 공격, 성 등의 표현으로 이해했다. 그러나 융은 리비도를 더 일반적
으로 물리적 에너지에 비교할 수 있는 심리적 에너지로 보기 시작했다. 이
에너지는 여러 가지 형태를 취하고 때로는 성적인 형태로 나타나는데 예술
작품, 정치, 종교, 신화, 공상, 꿈 등으로도 나타나고 맹목적인 본능적 행
동 형태뿐만 아니라 개인의 창조적·건설적인 업적에도 영향을 준다.

둘째로 융은 세계 종교의 신화와 공상, 소위 "신비스런 사상事象(Occult)"에
대해 획기적인 연구를 시작했다. 무수히 많은 신화적 소재 — 바빌로니아,
아메리카 인디언, 영지주의Gnosticism, 힌두교 — 를 힘들여 살피다가 융은
이러한 고대 신화의 내용과 현대 환자들의 꿈이나 환각과의 유사성을 감지
하고 더 나아가서는 프로이트가 논한 무의식의 부정적이고 억압된 내용과
는 다른 심리적 생활에 대한 본인 자신의 발견을 돕는 건설적인 기능을 연
구하기 시작했다.

무의식으로의 하강

프로이트와 절교한 후 오랫동안 융은 방향을 잃고 심리적으로 불안한 상태
가 계속되었다. 그리고 곧 그는 자신의 개인적인 "지옥하강"descensus ad inferos

에 전념할 결심을 했다. 그것은 자기 자신의 무의식의 심층으로 내려가서 자신이 어떠한 "신화"에 의해서 살고 있는지를 발견하고 환자의 내부에서 뿐만 아니라 그의 내부에서도 똑같이 움직이고 있는 환상을 더 잘 이해하기 위해서였다. "그 행위에 대해서는 세찬 저항뿐만 아니라 분명한 공포를 느꼈다"고 융은 자세히 설명한다. 그러나 그러한 프시케의 지하에서 생겨나는 것을 이해하는 데는 자신이 "그 가운데 뛰어들어서", 그것들과 직접 대면하는 방법밖에는 없다는 사실을 그는 알았다.[40]

이렇게 해서 1912년에서 1917년까지 그는 대학을 떠났다. 이것은 그의 표현에 의하면 "프시케에 대한 봉사"에 전념하기 위해서였는데 "세스트라세 228번지" 자택에서의 진료와 가정생활은 지금까지 해온 대로 계속하며 생활의 균형을 유지하려 했다. 그는 이것을 자신이 탐험해 가는 "이상한 내면세계에 대한 평형추"로서 없어서는 안된다고 생각했다.[41]

그가 개발한 방법은 환자와 자기 자신의 꿈과 환상 속에서 만난 이미지를 모두 빠짐없이 기록하는 것이었다. 그가 목표로 한 것은 "나의 정신의 재산목록의 모든 항목"을 이해하고 "그것들을 가능한 한 과학적으로 분류해서 특히 현실생활 가운데서 그것들을 이해하는 것"이었다. "이것은 보통 우리가 태만히 해온 것이다. 우리는 어떤 이미지를 떠올리고는 그것들을 의심스럽게 여기지만 그것으로 끝이다. 그들을 이해하기 위해 수고하지도 않고 그저 도덕적인 결론을 이끌어낼 뿐이다."[42]

이 시기의 융의 연구 기록으로는 그가 "검정 표지의 책"과 "붉은 표지의 책"이라고 한 두 종류의 기록이 있다. 검정 표지의 책에는 체험에 관한 메모와 관찰이 문자로 묘사되어 있고, 붉은 표지의 책에는 똑같은 것이 회화나 스케치로 표현되어 있다.

그가 기록한 개개의 이미지는 예상한 대로 한없이 다양하고 이상했다. 거기에는 어렸을 때의 경험과 관련된 것도 있었다. 즉, 장난감 토막나무

---

[40] 같은 책, p.178.   [41] 같은 책, p.189.   [42] 같은 책, p.192.

놀이, 집이나 섬 짓기, 또는 유년기의 꿈 등이 그것들이다. 융은 이러한 기억의 일부에 자신이 아직도 강한 감정의 색조를 결부시키는 것을 보고 "이러한 것에 아직도 생명력이 있다"[43]며 감동하였다. 융은 자유 연상법을 통해 자신의 무의식에서 이미지를 계속 떠올리며 초현실적인 성찰을 하면서도 꿈이나 환상과 무관하지 않은 일련의 이미지를 만났다. 예를 들면 금색 의자, 말하는 흰 비둘기, 어두운 동굴, 의미있는 숫자, 난쟁이, 붉은 해, 피, 폭우, 절벽, 죽음 또는 죽은자의 소생, 흰 수염의 노인과 아름다운 눈 먼 소녀, 검은 뱀, 에머랄드 탁자 등 이 목록은 한없이 계속 이어지는데 융은 『파우스트』Faust나 니체의 『짜라투스트라는 이렇게 말했다』Thus Spake Zarathustra의 신화적인 표현에도, 성서의 묵시록에도, "정신병자의 마음에 치명적인 혼란을 일으키는 무의식적인 이미지의 저축" 가운데서도 발견되는 이러한 이미지를 모으면 하나의 작품이 될 것이라고 생각했다.

일반적으로는 붉은 표지의 책에 그림으로 기재된 메모보다도 검은 표지의 책의 문자에 의한 표준적인 기재 쪽이 프시케의 객관적인 기술로서 유효하다고 융은 생각했으나 그 가운데 프시케의 성질에 대한 통찰을 제공하는 데 매우 유용하다고 판단한 특별한 도형이 하나 있다. 그것은 만다라 mandala이다. 만다라는 산스크리트어로서 문자대로는 "원"을 의미한다. 단순한 전형적인 만다라는 정방형에 원을 겹쳐 놓은 형태이다. 동양미술에서는 만다라의 이미지가 우주를 표현한다고 보는데 보다 정성들인 형태로는 삼각형, 원, 정방형에서 십자, 차륜, 꽃 등에 이르기까지 동심원적인 기하학적 도형의 모습을 하고 있다.

융이 만다라에 매료된 이유는 두 가지였다. 첫째는 만다라가 보편적이라는 데 있다. 그것은 세계에 다양한 형태로 존재하고 진지한 예술가뿐 아니라 "허송세월"하는 사람도 저절로 끌려서 비석碑石, 견직물, 바다에 까는 타일, 직물의 디자인, 카펫의 도안에 자연히 그려내게 되는 이미지로서 기능

---

[43] 같은 책, p.174.

하는 것 같다. 둘째는 융은 매일 노트에 자신의 만다라를 계속 그림으로써 1916년에서 1927년까지 그의 프시케가 만들어낸 거의 무한한 만다라의 이미지가 종류와 형식 모두에 있어서 그것들을 그릴 때의 그의 다양한 마음의 틀에 부합한 것으로 생각되었다. 융은 그 그림 속에서 "날마다 나의 프시케의 변용을 알아챌 수 있다"[44]고 말했던 것처럼 만다라는 그 자신의 "암호문"이었던 것이다.

융은 인생의 가장 중요한 사건을 계기로 자기 자신의 길을 시작하면서 자신의 내적인 이미지를 추구하고 있던 이 위험에 찬 시기를 약 50년 후에 되돌아보고 이렇게 썼다. "나의 모든 연구, 모든 창조적인 활동은 1912년에 시작한 이러한 초기의 환상과 꿈에서 비롯된 것이다."[45] 이 시기에 모은 자료에서 의미를 추출하는 데 45년의 세월이 걸렸지만 그는 그후의 모든 일은 "일생의 과업을 위한 제1의 자료 prima materia"[46]를 제공한 이 최초의 프시케 탐구의 "보충과 설명"에 불과하다고 간주했다.

프시케의 해부학

조셉 캠벨은 1913년부터 1946년까지의 기간을 융의 생애에 있어서 장인과 학자와 의사의 시대라고 말하고 있다. 이 시대에 융은 프시케의 성질과 구조에 대한 가설을 세우기 시작했다. 프시케에는 의식적인 차원과 무의식적인 차원이 있고 의식적인 부분은 프시케라는 빙산의 일각에 지나지 않는다고 그는 가정했다.

융은 의식이란 프시케 중에서 직접적으로 알 수 있는 부분이라고 정의한다. 의식의 중심에는 "자아" ego 또는 "나"라고 불리는 원형적인 콤플렉스가 있다. 자아는 일반적으로 깨어 있는 시간에는 자신이 자기 자신을 떠받치고

---

[44] 같은 책, p.195.   [45] 같은 책, p.192.   [46] 같은 책, p.199.

있는 것으로 생각하여 자료를 받아 가려내고 때때로 의식에 침입하는 정서, 감정, 직관을 감시하고 전반적으로 자기 자신의 하루를 계획하고 조직한다.

융의 생각에 의하면 프시케 안의 의식에는 4개의 주요한 기능이 있다. 그 기능은 객관성과 합리성에 관계가 있는 사고기능, 사물의 가치와 기분 좋음에 민감한 감정기능, 사물의 촉감, 음향, 냄새, 외관에 주목하는 감각기능, 사물에 대해서 "어디에서", "어디로", "왜"를 묻는 직관기능이다. 더군다나 융의 생각에 따르면 자아는 발달함에 따라서 인생의 전반기에는 위에서 말한 기능 가운데 하나가 지배하는 활동대로 움직이는 경향이 있다. 다른 기능 가운데 둘은 부분적으로밖에 이용되지 않고 나머지 하나는 거의 완전히 무시된 상태에 있게 된다. 따라서 사람은 그 특징에 의해서 기본적으로는 "사고"형, "감정"형, "감각"형, "직관"형 가운데 어느 하나로 분류될 수 있다.

그리고 융은 또한 의식을 태도에 따라서 외향적 태도 또는 내향적 태도로써 그 특징을 표현할 수 있다는 것도 발견했다. 전자의 경우에서는 리비도, 즉 심리적 에너지는 자기로부터 밖으로 이동하려 하고, 후자의 경우는 에너지가 안으로 흘러 들어가려 한다.

1921년의 "심리학적 유형"Psychological Types에 관한 논문에서 융은 자아의 내부에 있어서의 이러한 태도와 기능의 차이를 명확히 진술했다. 그리고 인간의 심리학적 유형은 인생의 후반기에는 바뀌어 청소년기부터 성년 전기까지 가장 적응력이 있다고 생각된 "기능"과 "태도"가 지금까지는 아직 발달하지 않았던 "태도"와 "기능"에 의해서 보충된다는 것도 첨가하였다.

전집 제8권에 수록되어 있는 「프시케의 구조와 역학」The Structure and Dynamics of the Psyche이라는 논문에 융이 무의식을 어떤 것으로 생각했는지를 쉽고 간결하게 기술하고 있다.

… 알고 있지만 그 순간에 생각하지 않는 모든 것, 이전에 의식하고 있었으나 지금은 잊어버린 모든 것, 감각이 지각하지만 의식적인 마음이 주목하지 않는 모든 것, 본의 아니게 주의를 기울이지 않고 있지만 느끼고, 생각하

고, 기억하고, 바라고, 행하는 모든 것, 현재 내면에서 형태를 이루고 있고 언젠가 의식될 미래의 모든 것, 이상의 모든 것이 무의식의 내용이다.[47]

융이 생각하는 무의식은 금지된 생각, 억압된 욕구, 잃어버린 기억의 단순한 저장소가 아니라 가능한 한 넓게 발생적·영적, 더 나아가 우주적인 모태에 개개의 인종, 부족, 가족, 개인에 고유한 역사가 뒤섞인 것이다. 우리는 날마다 그곳에서 나오고 단순한 의식적인 결정을 넘어서 있는 방식으로 살고 있다.

융은 무의식을 구별하는 두 개의 구성요소로 나누어서 이해할 수 있다고 생각하고 그것을 각각 개인 무의식과 집단 무의식이라고 불렀다.

융이 생각하는 개인 무의식 — 프로이트가 말하는 무의식의 전체에 해당한다 — 은 일시적으로 기억에서 사라진 관념이나 감각적 인상(프로이트의 "전의식"), 의식적인 마음에서 볼 때에는 너무 불쾌해서 의식적으로는 인지되지 않는, 즉 "억압"되어 있는 감정과 사고(프로이트의 "잠재의식")와 같은 개인적인 생활과 다소 밀접하게 관련된 소재로 이루어져 있다.

반대로 집단 무의식 또는 보편적 무의식은 개체의 개인적 경험보다 더 광범위한 인간의 집단적인, 즉 전반적인 경험에 관련된 소재로 이루어져 있다. 융이 집단적 무의식의 개념을 확립하기까지는 오랜 시간이 걸렸다. 융은 무의식에서 나타나는 내용의 다양성에 당혹하였다. 분명히 거기에는 개인적인 것으로 생각되는 내용도 있고, 개체의 개인적인 경험을 넘어서 몇 세기를 사이에 둔 또는 바다를 사이에 둔 지방 문화 속에서 생긴 이미지나 양식과 관련되어 있다고 생각되는 것도 있다. 예를 들면 현대의 어떤 과학자가 융에게 말한 일련의 꿈에 나오는 숫자의 이미지는 그 사람이 전혀 모르는 400년 전의 연금술 원문과 매우 닮았다. 마찬가지로 융의 친구였던 심리요법 의사의 열 살 된 딸이 우주의 4대 원소가 우주의 4지역에서

---

[47] 같은 책, p.401; *CW* VIII, p.185 참조.

중심을 향하여 모여 온다는 색다른 이미지를 말했는데 이것은 오글라라 시우스 족의 주술사가 어려서 꾸었다는 꿈의 이미지와 거의 틀리지 않았다. 그리고 또한 취리히에 있는 병원에 입원하고 있던 정신병자가 융에게 태양에서 늘어뜨려져 있는 관과 같은 형태의 것이 바람을 일으킨다는 환상을 말했다. 이 환상은 그 환자가 모르는 언어로 쓰여진 비교적秘敎的인 본문에 거의 정확하게 기술되어 있는 것을 융은 후에 발견했다.

임상적인 자료와 비교신화적 연구에 입각해서 볼 때 무의식을 구성하는 것은 "원래 의식되어 있었으나 잃어버린 내용"만이 아니라 "인간의 환상 전반을 대표하는 신화적인 모티프와 같은 보편적인 성격을 지닌 보다 깊은 층"도 거기에는 포함되어 있다고 융은 주장했다. 다시 융의 말에 의하면 이러한 모티프는 "발명되는 것이 아니라 오히려 발견된다. 그것들은 전통과 관계없이 세계의 신화, 옛날 이야기, 공상, 꿈, 환영, 그리고 정신장애자의 망상세계에 자연발생적으로 나타난 대표적인 형식이다."[48]

이러한 현상에 관하여 융은 고대 영지주의자가 사용한 원형이라는 말을 부활시켰다. 이 말은 여러 문화에 공통으로 반복해 나타나는 개개의 신화적인 형상이나 모티프를 특수하게 가리키는 것이 아니라 소위 인간 공통의 경험에서 나타나는 관습적 표현으로 이미지를 만들어내는 인간의 프시케가 지닌 "양식화의 경향"을 표시한다. 예를 들면 어느 세계적인 문학을 보아도 거기에는 왕, 거룩한 어린이, 왕자와 왕비, 노현자, 아버지, 악한 거인, 거룩한 결혼, 성인, 신성한 바위, 용감한 젊은 소년, 마녀, 현명한 늙은 여자, 마법의 약, 무적의 무기, 방랑하는 영웅, 말하는 동물, 내세, 황금시대, 긴 여정과 같은 친숙한 원형적인 이미지가 나타난다. 개개의 "원형적 이미지"는 문화마다 세부적으로는 다르지만 그것은 프시케가 인간의 공통된 어떤 경험을 묘사하려고 할 때 그것이 항상 되돌아가기를 원하는 공통의 원형 또는 원형적 유형의 표현으로써 인식될 수 있을 것이다.

---

[48] *CW* III, pp.261-2.

융은 인류의 이 원형적인 또는 유형화하는 경향을, 새들이 둥우리를 짓는 본능이나 버뮤다 뱀장어의 이동성 본능에, 또는 내재하는 분자의 유형에 의해 정해진 예기된 선을 따라 깨지게 되어 있는 수정의 물리적 경향에 비유해서 설명하고 있다. 융에 의하면 그것들과 마찬가지로 인간의 프시케는 어떤 특정한 인간적 경험에 의해 "충격을 받게 될" 때, "끊임없이 변하는 상황과 대결구도 속에서 다양한 배역을 맡음으로써 모든 시대에 걸쳐 전인류의 꿈과 신화를 통해 공연해 온 순명적인 진부한 등장인물들 중 한 사람이 되어"[49] 그 경험에 대해 자신의 이야기를 주입시키는 경향이 있다.

융은 인간이라는 종種의 생물학적 · 심리학적인 역사를 추적하면서 원형적인 경향에 대해 이렇게 말했다. "마치 인간의 몸은 여러 기관을 모아 놓은 박물관과 같고 각 기관도 각기 오랜 진화의 역사를 그 배후에 가지고 있는 것처럼, 마음도 그것과 똑같이 조직되어 있다고 예상해야 한다."[50] 융에 따르면 실제로 그 현상은 무의식에 매우 깊이 새겨져 있어서 "전세계의 모든 전통에 대한 감각이 단절되어 있다 하더라도 모든 신화, 모든 종교사의 모든 것이 다음 세대와 함께 다시 생겨날 것이라고 말할 수 있다".[51]

융은 의식은 우리가 자신의 생활을 평가하고, 계획하고 결정하고, 구체화하기 위해 필요한 "가장 중요한 무기"라고 거듭 확언하고 있지만, 연구를 시작한 지 얼마 되지 않아 그가 발견한 기본적 사실은 의식이 무의식 속에 있는 자신의 뿌리와 무의식과 자신과의 관계를 깨닫지 못하면 성숙할 수도, 자신의 일을 적당히 수행할 수도 없다는 것이다. 무의식을 이해하지 않는 것과 개체로서 그리고 종으로서의 우리에 대해 무의식이 알고 있는 진실에 귀를 기울이지 않는 것과 "자아"의 지혜보다도 오래되고 종종 더 현명한 무의식의 "지혜"를 따르지 않는 것은 가장 귀중한 자원을 빼앗기는 것이다.

융은 자아의 의식에게 정보를 제공하고 길을 안내하고 고양시키기 위해 무의식이 취하는 여러 방법을 고찰했다. 그것은 우리 행동의 일면성을 깨닫

---

[49] Campbell, op. cit., p.xxxi.   [50] *M&S*, p.67.
[51] Campbell, op. cit., p.xiii에서 인용.

도록 하기 위해 신경증을 일으킬 수 있다. 그것은 우리의 말이나 기억을 걸려넘어지게 할 만큼 어떤 사람이나 상황에 대해 우리로 하여금 격렬한 감정을 갖게 하거나 판단의 혼란을 일으키는 경우가 있을 수 있다. 그리고 문학, 철학, 종교, 심리학의 자료나 또는 과학적 통찰의 자료까지도 만들어낼 수 있다. 또 양심을 자극할 수 있고 인생의 위기적 시기에 의식이 이지적으로 결정할 힘이 없어 보일 때 본능으로밖에는 알 수 없는 길을 제공할 수 있다. 그래서 결국은 그것이 가능한 최선의 길이었다고 생각되는 것이다.

다양한 모든 사실을 충족시키는 프시케 상象에 도달하여 정신의 성장에 있어서 의식과 무의식과의 대화가 중요다는 사실을 발견한 다음 이제 융에게 남은 문제는 "이 모든 것은 어디로 인도하는지? 정신적 과정의 존재 이유는 무엇인지? 그 종착점은 어디인지?" 하는 것이었다. 융은 1919년에서 45년까지 새로운 관심을 가지고 1세기와 2세기의 그리스도교 영지주의자와 중세의 연금술사의 저술에 주목했는데 이 기간에 이 물음에 대한 대답의 단서를 얻었다.

영지주의자와 연금술사

1918년부터 1926년까지의 융의 영지주의에 대한 연구는 1920년대에 "영지주의"를 표방하는 지적 · 종교적 집단이 산발적으로 출현한 것에 의해서 유발된 면이 있다. 거기에 영지주의 원문의 신비적 언어 이면에 숨은 의미를 더욱 잘 알고 싶다는 욕구도 한 동기가 되었다. 그 원문에는 신화적 영혼의 지상으로의 하강과 일곱 개의 하늘을 통한 신성한 플레로마pleroma, 즉 충만의 왕국으로의 재상승과 아이온, 데미우르고스, 아그도아드, 아카모트*

---

* Aion, Demiurgos, Ogdoad, Achamoth: 이들은 모두 영지주의의 특수한 의미로. 아이온들은 우주운행 속에서 여러가지 기능을 다하고 있는 다양한 존재자 내지 영력(靈力)의 일단. 데미우르고스는 현실의 감각적인 세계의 창조자로서 사악한 존재자. 아그도아드는 8개 한조로 생각한 신적 존재자 아이온. 아카모트는 저급하고 불완전한 지혜. 아이온 중에서 가장 약하고 영이 물질에 복종하고 있는 상태.

등 우주적 위력을 지닌 존재가 언급되어 있다. 융은 이 색다른 영지주의의 언어와 그의 환자들이 행한 이상한 발언 사이에는 유사한 점이 있다는 것을 즉시 간파했다. 그리고 양쪽 다 무의식 속에 있는 신화를 형성하는 언어의 공통 저장소에서 나오는 것으로 생각했다. 융에 의하면 "이것은 바로 인간의 프시케가 만들어낸 것이고, 항상 만들어 온 것이다".[52] 그러나 융의 물음은 그 의미가 무엇인가 하는 것이다. 그가 20세기의 분석심리학으로써 영지주의의 이야기에서 간파한 것과 영지주의자 자신이 거기서 본 것과는 어떤 유사성이 있는 것일까?

이 물음에 절대 확실하게 대답하는 것은 물론 불가능하다. 그러나 저명한 중국 학자 리하르트 빌헬름Richard Wilhelm에게서 받은 한 통의 편지는 당대의 어느 이론보다 뛰어나서 융이 난해한 영지주의의 신화에 대한 통찰력을 갖는 데에 시발점이 되었다.

1928년 빌헬름이 보낸 편지에는 『황금꽃의 비밀』의 번역 사본이 한 통 동봉되어 있었다. 빌헬름은 편지에서 융에게 그 원문의 주해를 쓰도록 권했다. 중국 문헌에 대한 융의 관심은 5년 전 취리히에 초대되어 빌헬름의 『역경』易經에 대한 강의를 들었을 때 눈을 뜨게 되었다. 빌헬름의 권고에 따라서 융은 연금술사의 신비한 기호나 비속한 물질을 황금으로 바꾸는 것을 가능하게 하는 신비한 약에 대한 탐구에 비로소 본격적으로 연구해 볼 결의를 굳혔다.

융이 이것을 위해 처음으로 시도한 것은 중세의 연금술 원문이 입수되면 꼭 알려 달라는 부탁을 뮌헨에 있는 한 서점에 의뢰한 것이었다. 융은 10년 이상을 그와 같은 저작 — *Artis Aurifera Volumina Duo*라든가 *Rosarium Philosophorum* — 의 연구에 몰두하면서 이 "미지의 언어"에 매료되어 그에게는 아직 익숙하지 않았기 때문에 몇 번이고 반복해서 적고 있는 unum vas[하나의 용기(容器)], prima materia(제1질료), massa confusa(혼돈), lapis

---

[52] *CW* XI, p.104.

philosophorum(철학자의 돌, 연금술 과정의 실마리와 종착점 모두를 상징하는 것 같은 중심적 이미지) 등과 같은 연금술의 용어를 수 천 개나 수집했다.

융의 연금술 원문 연구는 1914년에 헤르바트 실버러가 쓴 『연금술과 비교秘敎 미술의 감추어진 상징』*Hidden Symbolism of Alchemy and the Occult Arts*[53]이라는 책에 관하여 저자와 서신왕래를 하면서 시작되었다. 융은 연금술의 상징의 의미에 대한 실버러의 이론은 부분적으로는 풍부한 암시를 제공하고 있다고 평가하면서도 전체로서는 "상궤를 벗어난" 것으로 판단하고는 이를 받아들이려 하지 않았다. 그러나 융은 영지주의에 대한 의문이 아직까지 해결되지 않은 상황이지만 리하르트 빌헬름의 권유를 받고 한 번 더 실버러의 연구서를 집어들고 모험적 연구에 착수했다. 이 연구는 27년 뒤인 1955년에 *Mysterium Coniunctionis*의 간행이라는 형태로 결실을 맺었다. 융은 이 저서에서 연금술에 관한 그의 사색과 그가 자신의 심리학의 "중심개념"이라고 일컫고 있는 것이 연금술에 의해서는 어떻게 이해되는지에 대한 모든 요점을 밝히고 있다.

연금술의 언어라는 돌을 손에 들고 매일 이것저것 생각하고 그 철학과 과학의 양면에서 생각되어지는 상징의 역사에 주목하면서 서서히 깨달은 것은 주제가 된 사상이 한 개가 아니라 거기에는 두 개의 다른 과정이 있다는 것이다. 확실하게 기술된 과정 가운데의 한 개는 명백히 물질적인 것으로 이는 비속한 물질이 금으로 변하는 것을 지향한다. 그러나 연금술의 상징이라는 철학적인 함축이 감추어져 있는 제2의 과정은 심리적이며 개인적인 것으로 자기 자신의 변화를 지향하고 있다. 겉으로는 증류기와 도가니를 취급하지만 연금술의 내적 주제는 자신의 비속한 요소와 고귀한 요소를 혼합과 정제 그리고 실험을 통해 정화되고 순화된 형태로 융합시키는 것이다. 곧 현대 화학의 아버지인 이 고대의 물질적인 분야의 정교하고 치밀한 체계는 동시에 핵심에 있어서는 자신을 대상으로 하는 과정의 물질에

---

[53] Tr. S. E. Jellieffe (New York: Dover Publications, 1971). 처음 발표되었을 때의 제명은 『신비주의의 문제와 상징』.

의 투영 그 이상이다. 이는 "도가니에서 금이나 은을 녹여내듯 야훼께서는 사람의 마음을 시험하신다"(잠언 17.3)라는 고대 철인의 문학적 고찰과도 일치한다. 융은 자서전에서 다음과 같이 회상하고 있다.

> 연금술에 익숙해지면서 나는 무의식이란 하나의 과정이라는 것과 프시케는 자아와 무의식의 내용과의 관계에 의해서 변용되거나 발달하는 것이라는 사실을 알았다. 개인의 경우에는 그 변용은 꿈과 환상에서 간파될 수 있다. 그러나 집단생활 속에서는 변용의 침전물이 여러 가지 종교체계와 그것의 변해가는 상징에 주로 남아 있다. 이러한 집단적인 변동과정을 연구하고 연금술의 상징을 이해함으로써 나는 나의 심리학의 중심 개념인 개성화의 과정에 이르렀다.[54]

개성화와 자기

융은 1928년 「자아와 무의식의 관계」라는 논문에서 "개성화에 대한 정의를 처음으로 기술했다. 그는 "개성화"란 "개체"가 되는 것이며 "개성"이라는 말이 "우리의 가장 은밀하고 최종적이며 비길 데 없는 독자성을 의미하는 한, 자기 자신이 되는 것이기도 하다"[55]고 말하고 있다. 융은 종종 "모방하지 말라!"고 충고하였다. 그리고 또한 그는 "사람들의 프시케가 얼마나 크게 다른지"[56]에 대한 그의 깊은 인상을 종종 이야기했다. 인간 프시케의 발달사에 작용하는 생명과정은 그가 본 바로는 바로 그 방향을 일반적으로 균질화된 인간성이 아니라 오히려 흉내낼 수 없을 만큼 다른 독자의 우리 한 사람 한 사람이 그렇게 되도록 정해진 개체를 만들어내는 것을 지향하였다.

융은 이 과정이 개인의 프시케 속에 있는 전체성을 향한 고유의 저항할

---

[54] MDR, p.209.   [55] CW VII, p.173.   [56] CW X, p.137.

수 없는 경향을 반영하고 있다는 의미에서 "자동적"이라고 보았다. 그리고 융은 "살아 있는 것은 모두 전체성을 얻으려고 노력한다"[57]고 설명한다. 따라서 개성화 과정은 "모든 살아 있는 것이 처음부터 그렇게 되도록 정해져 있는 것이 되기 위한 … 생물학적 과정의 표현"[58]이라고 말할 수 있을 것이다. 확실히 개인이 이 과정을 좌절시키거나 촉진시키는 것은 가능하지만 이것을 시작하거나 정지하게 할 수는 없다. 이것은 자발적으로 생기는 것이다.

융은 개성화 과정 속에서 작용하는 기본적인 원리를 인정하고 이것을 enantiodromia라고 불렀다. 이것은 그리스어에서 나온 말로 "반대 방향을 향한 경향(enantios = 반대; dromos = 달려가는 것)"을 의미한다. 고대 철학자 헤라클레이토스는 이 원리가 자연계의 도처에 작용하고 있음을 알았다. 융은 이것을 인간 프시케의 명백한 특징으로 목격했다. "만약 우리의 의식적 생활 속에서 무언가 중요한 것이 평가절하되고 말살되면 — 법칙이 작용해서 — 무의식 속에 보상이 일어난다."[59] 다시 말하면 개성화란 자기 자신이 이전에는 평가 절하되거나 의식적 생활에서 "말살"되었던 측면을 분화시키고 통합하고자 하는 인간 프시케의 일생에 걸쳐 이어지는 경향의 표현이다.

융의 관찰에 의하면 이 과정은 두 시기로 나누어지는데 첫째 시기는 탄생과 더불어 시작하여 중년기까지이고 둘째 시기는 완성기로서 대략 35세에서 45세 사이에 시작한다.

개성화의 제1기는 탄생에서 중년기까지로 프시케의 중요한 업무는 "자아" 또는 "자아 콤플렉스" — 라는 말도 융은 사용한다 — 의 형성과 강화이다. 초기 유아기의 "미분화한 무의식 전체성"에서 출발하여 프시케는 점차로 "자아성"에 대한 고유의 감각을 발달시켜 간다. 거기에서 다시 사회적 자기가 형성된다. 그것은 융이 페르소나persona, 다시 말하면 인격이라고 부르는 것, 즉 자아가 타인에게 자신을 이렇게 보여주고 싶다고 생각하는

---

[57] *CW* VIII, p.292.   [58] *CW* XI, p.307.   [59] *CW* X, p.86.

것과 합치하는 자기의 일부이다. 동시에 자아는 특정한 환경에 적응하기 위해서는 어떤 태도(내향성 또는 외향성)와 기능(사고, 감정, 감각, 직관)이 가장 유효한지를 실험하고 있다. 이 제1기의 마지막 임무는 직업의 선택과 배우자의 선택 그리고 가족의 보금자리를 마련하는 것 등이며 모두가 외계에 있어서의 자기 자신과 자신의 위치를 확립한다는 어려운 작업의 일부이다.

개성화의 제2기는 대략 중년기에 시작하는 데에 융은 직업상 주로 이 시기를 주목하였다. 이 시기의 프시케의 주요한 임무는 전반기의 생에서는 별로 발달시키지 않고 방치되어 있던 "자신의 다른 면을 알게 되는 것", 그리고 융이 "자기"라고 부르는 프시케의 새로운 중심을 발달시키는 것이다. 제1기에서는 일시적인 역할밖에 갖지 못했던 의무, 관념, 전망, 반성이 여기서 중요하게 된다. 자기의 지금까지는 발달되지 않았던 측면이 희미한 소리일지라도 주목을 요구하는 것 같다. "사고형의 사람"이 가치판단을 해야 할 필요를 종종 발견하기 시작하고 "직관형"의 사람이 물질적인 것, 감각적인 것이 지닌 총체성과 선을 재발견할 것이다. "확립된" 그리고 "기능적인" 삶에 대한 태도라고 지금까지 생각했던 것이 예민하게 검토된다. 단 이러한 것들에 대해서 지금까지 완전히 잘못되었다는 것이 아니라 이것들을 더 넓은 진리 앞에서 보는 일이 지금까지는 결핍되었다는 의미이다. 정치, 종교, 일, 가치에 관한 주요한 논점 대부분이 지금까지는 "백과 흑"으로 나누어졌던 것에 대해서 지금은 애매성을 묵인하게 되고 "젊어서"의 자아 같으면 참을 수 없었던 양극성을 포섭하고 있는 자신을 자각하게 된다.

보다 깊은 개인적인 내면에서는 보다 직접적인 빛을 받아 자기 자신을 보는 것을 시작하거나 준 싱어June Singer가 "영혼의 경계"에서 융파의 분석과정을 기술하는 데 사용한 표현을 빌려서 표현하자면 "덮개의 아래를 들여다보는" 일을 시작한다. 이로 말미암아 이내 고통스럽지는 않다 하더라도 당혹감을 갖게 되는 인생의 이 시기가 되면 자신의 감정, 사고, 욕망의 구석구석을 지금까지보다도 솔직하게 그리고 분별력있게 주시하고 싶어한다. 자신의 내부에서 작용하고 있는 모든 것, 즉 자신의 심적 생활의 이성적 요소(남성의 경우는 Anima, 여성의 경우는 Animus라고 융은 말한다)에서 의식이 꼭 인지할 필요가 있는 어두운 면, 즉 "그림자"까지의 모든 것을 좀더 확실하게 이해할 필요를 느낀다.

개성화 과정의 종착점은 자기의 출현이다. 자기自己(Self)라는 것은 융의 전문용어로서, 개성화의 제2기에서 "자신의 다른 측면"의 탐구를 시작했을 때 활동하게 되는 지금까지보다도 전체적인 자기 자신이다.

자기란 개체로서의 우리의 총체이다. 우리 개성의 모든 요소를 충분히 고려한 "가장 완전한 표현"이다. 자기는 "인간의 프시케의 총체", 우리 내부의 "모든 심리현상", "우리의 몸과 그 활동과 무의식", 감각적인 것과 직관적인 것, 지적인 것, 도덕적인 것, 남성적인 것과 여성적인 것, 악의가 있는 것과 호의적인 것을 둘러싼 "완전한 원주(총체)"이다. 우리의 현재의 모든 것과 과거의 모든 것 그리고 우리에게 가능한 모든 것과 우리는 단지 희미하게 감지되고 인지되는 방법으로 참여할 뿐이지만 그 삶과 운명에서 선조와 후손의 관계가 되는 눈에 보이지 않는 정신적이며 발생적인 "가족"까지를 자기는 표현한다.[60]

후반기의 생에서는 자기가 자아를 대신해서 인격의 중심이 되려 한다. 새로운 중심은 자아중심적인 소망과 갈등에 정신을 빼앗기고 있는 "자아의 작은 과민한 개인적 세계"가 아니라 "더 넓은 객관적 관심의 세계"[61]에 뿌리를 두고 있다. 어떤 의미에서 이것은 "모든 곳에 존재하고 어디에도 원주가 없는"[62] 그러한 중심이다. 이 중심은 자기의 넓은 총체 속 어디에 있어도 좋은 것이고, 자기의 신비는 결코 완전히 이해할 수 없고 거기에서 오는 자극은 분명히 느낄 수 있다. "태양이 지구를 돌고 있다고 생각하는 사람과 지구는 태양의 위성이라고 알고 있는 사람이 본질적으로 다른 정도로"[63], 이 새로운 중심을 발견한 사람과 아직 이것을 발견하지 못한 사람과

---

[60] Wehr, op. cit., p.49, n.50; Bennet, op. cit., p.172를 보라.

[61] *CW* VII, p.178.　　　[62] Serrano, op. cit., p.56.　　　[63] *Jacobi*, p.134, n.3.

의 간격은 크다고 융은 쓰고 있다.

자기의 명확한 특징은 타인과 또 우리가 그 일부인 역사와 문화의 흐름과 "관계하고 있다"라는 느낌이다. "자신의 자기를 회복한다"는 것은 우리 주위의 사람들과 친근성을 의식적으로 인정하고 받아들일 수 있게 되도록 동시에 이루어지는 것이라고 융은 주장한다. "왜냐하면 자기와의 관계란 바로 동포와의 관계이고, 자기 자신과의 관계를 갖기까지는 아무도 동포와의 관계를 가질 수 없다. … 타인 없이는 존재할 수 없기 때문이다."[64] 그것은 또한 개인이 살아가는 사회와 문화의 장기적인 운명과 역사에 우리가 관계되어 있다는 것을 의식적으로 인정하는 것이기도 하다. "우리 인간에게는 자신의 개인적인 삶이 있는 것이 아니라 큰 눈으로 보면 우리는 나이를 세기世紀로 세는 것과 같은 어떤 집단적인 영spirit의 대표이고, 희생자이며 그 추진자이기도 하다"[65]고 융은 기술하고 있다. 우리는 우리 "시대의 수동적인 증인이고 피해자일 뿐"이라고 자주 생각하는데 "그뿐만이 아니라 시대의 메이커"[66]이기도 한 것이다.

자기와 역사와의 관계는 융 사상의 중심적인 주제의 하나였다. 제2차 대전 전후 33년간에 걸쳐서 많은 논문이 반복해서 이 주제를 논하고 있다. 전집 제10권에 "과도기의 문명"이라는 제목으로 이러한 논문이 모아졌다. 「현대인의 영혼 문제」(1928), 「심리학의 현대적 의의」(1933), 독일 국가주의자의 정신을 논한 「보탄」Wotan(1936), 「파국 이후」(1945), 처음에는 BBC에서 방송된 「그림자와의 투쟁」(1946), 「발견되지 않은 자기」(1957), 그리고 그의 마지막 논문의 끝장에 해당하는 「무의식의 접근」(1961) 등이 여기에 해당된다.

융은 현대 서구세계의 위기를 근본에 있어서는 인간 영혼의 위기로 인정했다.

---

[64] Wehr, op. cit., p.156.
[65] MDR, p.91.
[66] CW X, p.149.

오늘날 우리에게 다가오는 엄청난 파국은 물리적인 또는 생물학적인 차원의 단순한 사건이 아니라 정신적인 사건이다. 이미 우리를 위협하고 있는 전쟁과 혁명은 바로 정신의 전염병이다. … 야수나 지진, 사태나 홍수에 좌우되는 대신 현대인은 자기 자신의 프시케의 근본적인 위협에서 공격을 받고 있다.[67]

계몽시대는 우리에게 타인이나 자기 자신을 파괴하는 인간의 경향을 이성이 극복할 것이라고 가르쳤다. 그러나 이것은 우리의 "가장 비극적인 환상"[68]일지도 모른다고 융은 단언하고 스스로에게 물어야만 한다고 주장한다. 그리고 융은 "재판, 의학, 기술의 모든 진보와 생명과 건강에 대한 모든 관심에도 불구하고 인류를 간단히 근절시킬 수 있을 정도의 무시무시한 파괴 장치가 발명되었다"[69]고 말했다. 그리고 다시 계속해서 이와 같은 "악마의 장치"가 많은 점에서 "매우 소중한 이성적이고 존경할 만한 시민"에 의해서 발명되었다는 사실이야말로 아이러니라고 융은 덧붙였다.

사태의 변화를 어디서 찾을 수 있을까? "우리의 합리주의적인 자세는 국제적인 기구, 규제, 그밖의 선의의 장치에 의해서 기적을 실현할 수 있다고 우리를 믿도록 한다." 게다가 "힘의 원리 — 타인의 — 를 뒤엎으려는 선의에 찬 신학자와 인도주의자가 존재한다". 그러나 융의 주장은 "우리는 자기 자신의 힘의 원리를 뒤엎는 것에서 시작해야 한다"는 것이다. "그렇게 하면 일체의 사물은 신뢰할 수 있게 된다."[70] "집단의 정신기능장애의 뿌리는 개인심리에 있다"고 융은 믿고 있다.[71] "개인이 정신적으로 참으로 재생하는 것이 아니면 사회는 재생할 수 없다. 왜냐하면 사회란 구원을 필요로 하는 개인의 총체이기 때문이다."[72] 필요한 것은 "정신의 완전한 갱신"[73]이다.

1961년 죽기 바로 전에 완성한 「무의식의 접근」이라는 마지막 논문에서 융은 다음과 같이 호소하고 있다.

---

[67] *CW* X, p.235.　　　[68] *M&S*, p.101.　　　[69] *CW* X, p.298.
[70] *CW* X, p.228.　　　[71] *CW* X, p.218.　　　[72] *CW* X, p.276.
[73] *CW* X, p.217.

어떤 변화가 어딘가에서 시작하지 않으면 안된다. 그러나 그 변화를 경험하고 완성시키는 것은 한 사람의 개인이다. 변화는 한 사람의 개인으로부터 시작해야 한다. 우리 중의 어떤 사람일지도 모른다. 주위를 둘러보거나 자신이 하기 싫은 것을 다른 누군가가 하기를 기다리거나 할 여유는 누구에게도 없는 것이다. 그러나 무엇을 해야 하는지 아무도 모르지만 혹시 자신의 무의식은 우리에게 도움이 되는 어떤 것을 알지도 모르므로 자기 자신에게 묻는 것은 우리 각자가 해야 할 가치있는 것이다.[74]

융에게 있어서 "개인"이란 "그 위에 세계가 위치한 것인 동시에, 만일 우리가 그리스도교의 복음을 올바로 읽는다면 하느님까지도 거기에서 목적을 찾는 극미한 단위"[75]인 것이다.

---

[74] M&S, pp.101 이하.   [75] CW X, p.305.

제3장

성서와 영혼의 생활

… 인간 영혼은 총체적으로 너무도 평가절하되어서 세계 종교도 철학도, 과학적 합리주의도 인간의 영혼을 다시 보려 하지 않았다. —『인간과 상징』[1]

나는 한걸음 더 나아가서 … 성서의 진술도 영혼의 외침이라고 말하고자 한다.　　　　　　　　　　　　　　　　　—『욥에 대한 응답』머리말[2]

『내부의 탐구, 심리학과 종교』에서 제임스 힐만James Hillman은 영혼이 폐기되었는데 그것은 심리학자들 사이에서만이 아니라 일부 종교가나 평균적인 남녀 사이에서도 마찬가지임을 개탄하고 있다.

전문용어로서의 … ("영혼"이라는 말은) … 현대심리학에서 거의 사라졌다. 이 말에는 변방에 사는 켈트족 농민의 잔영을 불러일으키거나 접신론자의 환생을 상기시키는 고풍스런 반향이 있다. 영혼이라는 말은 아마 지금은 마을 부목사의 말이나 신학교 교부철학 토론의 장에나 그 흔적이 남아 있을 것이다. 반면에 이 말은 대중가요에조차 나타나지 않는다. 누가 있어 "마음과 영혼"으로 간절히 바라겠는가? 누가 있어 자기 온 영혼을 어떤 것에 바치겠는가? 무엇때문에 소녀는 "영혼의" 눈을 가져야 하고 남자는 "위대한 영혼"의 소유자, 여자는 "선량한 영혼"의 소유자여야 하는가? "영혼"Soul이라는 말은 "내부"에서는 입으로 말할 수 없는 네 글자의 단어일 뿐이다.[3]

---

[1] *M&S*, p.102.　　　　　　　[2] *CW* XI, p.362.
[3] James Hillman, *Insearch: Psychology and Religion* (New York: Scribner's, 1967), pp.40-41.

힐만James Hillman의 고찰은 매우 설득력있는 것 같지만 영혼이라는 말이 완전히 사어死語가 아니라는 얼마간의 증거는 있다. 실제로 이 말이 상당한 중요성을 가지며 국어 중의 다른 단어로는 대치될 수 없는 경우가 있다. 예를 들면 사람들은 어떻게 스테판 빈센트 베넷*이 어떤 대가를 받고 "영혼"을 판다는 유혹을 말하지 않고 악마와 다니엘 웹스터Daniel Webster 사이의 계약을 이야기할 수 있는지 궁금해한다. 시편 저자가 "내 영혼아, 어찌하여 네가 이토록 낙심하는가? 어찌하여 이토록 불안해하는가?"(시편 42.5)라고 물을 때 그에게 마음으로부터 공감하지 않는 사람은 없을 것이다. 어떤 원주민의 문화 속에는 "영혼의 상실"이라고 부르는 병이 있다는 인류학자의 보고의 요약을 읽을 수 있다. 취리히의 부르크횔즐리 정신병원에 입원했던 어떤 허약한 중년부인의 말을 우리는 누구나 이해할 수 있다. 그녀는 자신은 이미 죽어서 심장을 잃어버렸다고 의사들에게 이야기했다. 그 말에 정신과 의사는 손을 가슴에 얹고 심장의 고동을 느껴보라고, "만일 고동이 느껴지면 심장은 아직 거기 있는 것이다"라고 말했을 때, 그녀는 "그것은 나의 진정한 심장이 아니다"[4]라고 대답했다.

"영혼"이란 무엇인지에 대한 엄밀한 정의를 요청받으면 곤란해하겠지만 다만 몇 가지의 일면을 말하면 어떤 내적 실체로서, 혈관, 근육, 조직 이상의 무엇이며 희망에 약동하고 절망하면 머리를 숙이고, 기도하고 계획하고 사랑하고 슬퍼하고, 터무니없는 부정에 흥분하고, 긴 여정의 도상에 있는 그러한 사람의 핵심을 구성하고 있는 그 무엇이라고 느낀다는 사실은 아무도 부인할 수 없다. (여전히 의심스러운 신앙개조의 하나인) 영혼의 불멸성을 실증할 수는 없지만 영혼이 실재한다는 사실은 부인하기 어렵다. 그리스인은 영혼을 프시케라고 명명했다. 영어를 쓰는 사람들은 고대 영어의 sāwl에서 파생한 Soul이라는 말을 같은 의미로 사용했다. 로마인은 anima

---

* Stephen Vincent Benet (1898~1943): 미국의 시인, 소설가. 「악마와 다니엘 웹스터」는 그의 단편소설.

[4] Hillman, *Insearch*, p.43.

라는 말을 좋아했고 히브리인은 nephesh, 프랑스인은 âme를 썼다. 어원상 큰 불일치를 보이는 것은 의심할 여지 없이 그 주제에 대해 말로는 다 표현할 수 없다는 데서 기인하는 것이지만 그것은 또한 어떤 언어에서도 그 실체를 나타내고 고유한 방식으로 그것에 대해 이야기할 용어를 발견하지 못했다는 것이기도 하다.

융의 사상에서의 영혼의 실체

『융의 심리학에 있어서의 종교와 영혼의 치료』의 제1장에서 한스 셰어Hans Schaer는 다음과 같이 쓰고 있다.

> 융 심리학은 인간은 영혼, 즉 프시케를 갖고 있다고 말하지 않는다. 오히려 정신, 물질적 존재로서의 인간은 정신적 실체에 참여하고 있다고, 더 나아가 정신적 실체의 일부라고까지 말한다. 융 심리학에 관계하기 시작하는 순간 넓은 땅과 수많은 비밀을 가지고 모든 종류의 발견 가능성을 제공하는 새로운 세계에 들어섰다고 느꼈다. 이 새로운 세계는 가장 넓은 의미로 이해한 영혼, 즉 프시케의 세계이다. 마치 현대 과학 — 한편으로는 물리학과 화학, 또 한편으로는 천문학 — 에 알려져 있는 자연계가 무한히 큰 것과 한없이 작은 것의 쌍방으로 확대되면서도 자연의 실체의 한계에는 아직도 도달하지 않은 것처럼 융은 프시케의 세계도 한없이 확대되는 것으로 소개한다.[5]

융은 자신의 일에 대해서 이렇게 기술하고 있다.

> 영혼의 실체란 나의 작업을 위한 가설이다. 나의 주요한 활동은 사실을 수집하고, 그것을 기술하고 설명하는 것이다. 나는 체계나 일반 이론을 완성

---

[5] Tr. R. F. Hull, Bollingen Series XXI (New York: Pantheon Books, 1950), p.21.

시킨 일이 없다. 어떤 과학에서나 그런 것처럼 도구로써 도움이 되는 개념을 요구했을 뿐이다.[6]

물론 융의 많은 동료는 이의를 표명했다. 프시케(영혼)의 실재를 즉석에서 부인하고 실재하는 것의 정의를 물질적·구체적인 것에 한정하고자 하는 사람도 있었고 프시케(영혼)를 2류의 실재로 깎아내려서 신경계 내지 뇌의 수반현상으로 한정하는 사람도 있었다.

융은 어느쪽 주장도 거부했다. 영혼의 물질적인 것과의 접근은 인정할 수 있지만 영혼을 다만 물질적인 것으로 분석하는 것은 승인할 수 없었다.

> 프시케를 부수적 현상으로 다루려는 심리학은 대뇌심리학이라고 이름을 짓고 그러한 심리, 생리학이 산출하는 적은 성과로 만족하는 편이 좋을 것이다. 프시케는 그 자체의 가치를 지닌 현상으로 다루어야 마땅하다. 뇌의 기능에 의존하지만 부수적 현상으로 보아야 할 이유는 없다. 생명을 탄수화물의 화학작용의 부수적 작용으로 보는 것도 마찬가지로 정당하지 않을 것이다.[7]

영혼을 뇌의 기능으로 환원하는 것은 바흐Bach의 미사곡을 생리학적 과정으로 환원하고 모네Monet의 유채화를 화학적 과정으로, 장미의 꽃잎을 전자장으로 환원하는 것에 비교할 수 있을 것이다. 물질적 특성이 있지만 프시케(영혼)에는 역으로 물질적인 신체를 그 계략과 계획에 따라 이끌어가는 명백한 자율성과 독립성을 나타내는 그 자체의 성질이 있다.

프시케(영혼)의 탐색은 두 방향에서 진행되었다. 하나는 대부분의 정신분석의 — 특히 프로이트파의 — 전통이 채용하고 있는 방법과 똑같이 소위 배후의 문에서 또는 융의 표현에 의하면 "가장 불쾌한, 즉 우리가 보고 싶지 않은 것이 전부인"[8] 방향에서 프시케(영혼)에 접근한다. 이런 관점에서의

---

[6] Wehr, op. cit., pp.153-4, n.189.　　[7] *CW* VIII, p.8.

접근은 프시케 — 이 전통에서는 영혼이라는 말을 거의 사용하지 않는다 — 를 고정이 필요한 세계의 한 단편으로 간주한다. 프시케를 구성하는 것은 주로 해방을 필요로 하는 억압, 콤플렉스, 신경증의 기능으로 보았다.

프시케(영혼)에 대한 다음 접근은 융파의 분석심리학이 채용하고 대부분의 종교적 전통이 공유하는 접근으로서 프시케 속에 다른 "출입구"가 존재한다는 것을 알고 있기는 하지만 원한다면 현관으로 들어갈 수 있다. 이 접근은 영혼을 그 사람 자신의 본질, 내부의 사람, 창조성, 가치판단, 목표설정의 중심, 꿈과 직관의 주물공장, 형이상학적 사색과 종교적 감정의 근원으로 간주한다. 그 가운데에서도 융이 특별히 관심을 갖고 있는 것이 종교적 감정이다.

> 영혼에는 본래 종교적인 기능이 있다. … 그러나 만일 지고한 가치가 영혼에 내재해 있다는 경험적 사실이 존재하지 않으면 … 나는 심리학에 조금도 흥미를 느끼지 못할 것이다. 왜냐하면 그러면 영혼은 초라한 수증기로 바뀌고 말 것이기 때문이다. 그러나 나는 무수한 경험으로부터 영혼이란 그런 것이 아니라 오히려 역으로 종교적 교리로 정식화되어 있는 모든 것은 물론이고 그 이상의 것이 영혼에 포함되어 있는 것을 알고 있다. … 내가 종교적 기능을 영혼에 제공한 것이 아니다. 나는 오직 영혼이 본래 종교적이라는 것을, 즉 종교적 기능을 소유하고 있다는 것을 증명하는 사실을 제출했을 뿐이다.[9]

융에게 있어서 프시케(영혼)는 "생명의 가장 내밀한 신비의 일부"이며, 융이 "감탄과 경외의 눈을 가지고 응시할 수 있을 뿐이다"라고 말하는 "상상도 미치지 못하는 복잡한 사상事象"[10]이다. 융은 이상한 관찰을 기술하고 있다. "개인은 자신이 프시케를 붙잡아 손안에 쥐고 있다고 생각한다. 개인은 프시케의 과학을 만들기까지 한다. 실은 프시케 쪽이 어머니고 창조자이고

---

[8] *CW* X, p.90.   [9] *CW* XII, pp.12-13.   [10] *CW* IV, p.332.

주체이며 의식 자체의 가능성이기도 하다." 프시케는 "의식의 경계 훨씬 너머에 있고 의식은 큰 바다에 떠 있는 하나의 섬에 비유될 정도"[11]이다. 우리는 결국 자신의 프시케(영혼)의 주인이기는커녕 하인인 것이다. "우리의 프시케는 이 지구 표면에 인간의 손이 만들어낸 모든 역사적 변화의 책임을 첫째로 지는 것이고 아직까지도 해결할 수 없는 수수께끼이며 이해할 수 없는 불가사의이고 영원한 곤혹이다. 이것들은 자연의 모든 비밀과 공유하는 특징이다."[12]

신약성서에서의 프시케(영혼)

프시케(영혼)의 성질과 의의에 대해서 신약성서가 대체로 융과 의견을 같이 한다는 것은 성서 독자의 주의를 끌 만하다. 영역 신약성서 독자가 반드시 깨닫고 있는 것은 아니지만 영혼Soul이라는 말은 신약성서에 102회 나오는 그리스어의 프시케Psyche의 역어이다. 이 말은 신약성서의 저자들이 발명한 것은 아니라 헬레니즘 세계에서 빌려온 것이다. 거기서 이 말은 사람이 살아 있는 동안 그 몸에 활기를 주고 죽으면 떠나가는 "생명의 원리"를 표시하는 것으로서 널리 쓰여졌다. 이 원리는 정신적 및 신체적인 정서, 동경, 의욕의 중심이다. 그리고 이들이 구성하는 영적·정서적·지적인 복합체야 말로 다른 어떤 요소보다도 한 개인의 고유한 인격과 독자성을 확인하고 명확한 인간성을 밝히는 것이다. 프로이트가 정신분석을 받는 환자에게서 관찰된 현상을 기술하기에 적절한 용어를 찾다가 그가 표현하고 싶은 의미를 전하기 위해 프시케라고 말을 채용한 것은 이상하지 않다.

　신약성서에서는 프시케라는 말을 어떤 의미로 사용하고 있는가? 그와 관련된 의미는 복합적인 것으로 나타난다. 먼저 "생명" 또는 "생명의 원리"를 가리키는 일이 있다. 예를 들면 마태오 복음서 2장 20절에는 헤로데 왕이

---

[11] *CW* XI, p.84.　　　　[12] *CW* X, p.269.

어린 예수의 "프시케"를 찾는다고 기록되어 있다. 영역 성서에서는 "생명"이라고 번역하고 있다. 그것은 또한 감정을, 자기 자신의 정서적인 가치평가의 중심을 나타낼 수도 있다. 그 예로 루가 복음서 1장 46절에는 동정녀 마리아가 "내 프시케(영혼)가 주님을 찬양하며"라고 말하고, 마르코 복음서 12장 30절에서는 예수가 제자들을 향해 "네 프시케(영혼)를 다하여 주님을 사랑하라"고 말한다. 영역은 "영혼"이다. 프시케는 선동될 수 있고(사도 14,2), 혼란되고(사도 15,24), 유혹되고(2베드 2,14), 육욕에 휩싸일 수 있다(1베드 2,11).

　신약성서의 입장은 프시케에 대해서 어떻게 말하든 인간에게 주어진 가장 귀중한 것으로 보는 점은 항상 변함이 없다. 육신은 죽여도 프시케는 죽이지 못하는 사람들을 두려워하지 말고 영혼과 육신을 아울러 멸망시킬 수 있는 분을 두려워하여라(마태 10,28), 온 세상을 얻는다 해도 제 프시케를 잃는다면 무엇과도 바꿀 수 없는 손실이다(마르 8,36), 신약성서의 입장에서 본 인간의 구성 요소 가운데 가장 중요한 것은 프시케의 생명이고 그것의 보존(히브 10,39)과 그것의 안전한 정착(히브 6,19)과 그것의 정화(1베드 1,22)와 그것의 치유(1베드 1,9; 야고 1,21)는 프시케를 돌보아 주는 자(히브 13,17)인 교회와 프시케의 "목자이시며 보호자"(1베드 2,25)인 그리스도에게 위탁된 임무이다.

　자신의 프시케를 어떻게 지키는가? 신약성서의 가장 두드러진 역설의 하나가 프시케는 자기 자신을 구원할 수 없다는 사실이다. 실제로 우리는 프시케는 그 자신을 살리려고 하면 할수록 그만큼 그 자신을 잃을 것이다(마르 8,35)라고 알고 있다. 많은 사람들을 위해 자신의 프시케를 바쳐 몸값을 치르러 온 사람의 아들(마르 10,45)의 예에서 보듯이, 프시케의 최고의 사명은 벗을 위해 자신의 생명을 바치는 것(요한 15,13), 남을 위해 목숨을 버리는 것(사도 15,26; 20,24; 필립 2,30; 로마 16,4; 2고린 12,15)이라고 우리는 배웠다. 이 역설의 가장 과장된 형태는 자기 자신의 프시케를 "미워하지" 않으면 제자가 될 수 없다(루가 14,26)고 하는 놀라운 요구이다.

　남을 위해 자신의 프시케(영혼)를 바치는 것이 프시케(영혼)의 성장을 고려하는 유일한 방법이다. 프시케(영혼)는 가득찬 헛간에서, 다시 말하면 식욕을 채움으로써(루가 12,20)가 아니라 "심으신 말씀"의 힘(야고 1,20)에서 음식과 영양을 취한다. 결국은 프시케(영혼)의 구원과 보호는 복음(마르 8,35)을 위해 스스로를 방기하고 자신의 의지를 하느님의 뜻에 맡기고 자신의 장래를 "진실하신 창조주"(1베드 4,19)께 맡기느냐에 달려 있다.

  신약성서 가운데 어떤 말보다도 프시케라는 말은 융이 자기라는 말로 의미하는 것의 핵심에 가깝다. 다시 말하면 그것은 방어적인 계획을 세우고 자신의 안전을 꾀하려는 자아적 자기가 아니라 오히려 자신이 죽는다는 사실을 알고 전체성에의 욕구를 갖는 것을 인정하고 자신의 현재의 몸, 시간, 장소를 넘어선 의미에 참여하고 있다는 것을 거울에 비친 것을 보는 것처럼 어슴푸레하게 인식하고 있는 더 깊고 넓은 자아이다. 참으로 위험한 것은 죽음이나 고통이 아니라 프시케를 오해하는 것과 — 최악의 경우는 — 잃는 것이다. 신약성서에서도 융에서도 프시케는 실재하고 그 성질과 운명은 지금도 여전히 중요한 논쟁점이고 삶의 주요한 문제이다.

영혼의 발언으로서의 성서: 『욥에 대한 응답』

1952년에 융은 『욥에 대한 응답』이라는 논문을 쓰기 시작했다. 먼저 독일어로 출판되고 4년 후에 미국의 사목심리학 Book Club에서 영어판이 나왔다. 성서의 심리학적 해석에 가까운 책이 어떤 태풍을 야기할지를 잘 알고 있어서 책을 쓰면서도 망설이었다. 그렇지만 쓰지 않으면 안된다는 마음이 그에게 있었다. 1951년에 발표한 그리스도의 상징과 그리스도교의 심리학의 특성을 논한 『아이온』Aion에서 제기된 의문 때문에 그리고 평소에 받은 "독자나 환자로부터의 질문"에 "현대인의 종교상의 문제에 대해서 더 분명하게" 자신의 입장을 표명해야 한다고 생각했던 것이다.[13]

---

[13] *MDR*, p.216.

책은 예상한 바와는 다르게 130쪽의 작은 책이면서도 내용은 욥의 문제를 논하는 것으로 끝나지 않았다. 에제키엘서에서 묵시록까지, 요한 복음서에서 바울로 서간까지, 지혜문학에서 요한의 서간까지 넓게 논하고 1950년에 발표된 교황의 마리아의 몽소승천 교리와 그와 같은 교리가 20세기 후반이라는 시대가 갖는 의미에 예상 밖에 많은 쪽을 할애하고 있다.

앞에서 말한 것처럼 이 책에서의 융의 자세는 성서학자가 아니라 ― "나는 성서학자가 아니다"라고 융은 말하고 있다 ― "평신도 그리고 수많은 사람들의 심적 생활을 깊이 통찰하는 것이 허용된 의사"[14]의 자세이다. 그의 목적은 성서에서든 신조나 교리에서든 그것들이 보고하는 물리적 사실에 관한 것이 아닌 "영혼의 증언"으로써 그것들이 입증하고 전하고 있는 심리적 사실에 관한 종교적 진술의 의미를 지금까지보다 더 명료하게 이해하는 것이다.

융의 명제는 서문에 가장 명확한 형태로 진술되어 있다.

… 종교적 진술이란 결국 무의식적인, 즉 선험적인 과정에 입각한 영혼의 고백이다. 무의식적 과정은 물리적으로 지각되는 일은 없지만 그것이 실재하는 것은 이와 같은 영혼의 고백에 의해서 증명되고 있다. 이러한 진술은 인간 의식의 매개를 통해서 걸러진다. 즉, 그 진술은 가시적인 형식을 가지게 된다. 따라서 종교적인 내용에 대해서 말할 때 우리는 말할 수 없는 것을 암시하는 이미지의 세계에 들어가게 된다. 이러한 이미지나 비유나 개념이 그 선험적인 대상에 관해서 어느 정도 명쾌한지 또는 애매한지 우리는 모른다. … 우리의 표상 능력이 어느 정도 한정되어 있는지는 충분히 알고 있다. … 우리의 종교적 표상의 세계는 의인화된 이미지로 차 있고 이것들은 합리적 비판에 견딜 수 있는 것이 아니다. 그러나 그럼에도 불구하고 이것들이 거룩한 원형 numinous archetypes, 즉 이성의 비판이 미치지 못하는 분

---

[14] CW XI, p.363.

명한 정서의 원리에 기초하고 있다는 것을 잊어서는 안된다. 여기 중요한 것은 심적 사실이다. 심적 사실은 무시할 수는 없지만 존재하지 않는다고 논증할 수도 없다. 그러므로 이 점에 관해서 떼르뚤리아누스Tertulianus가 영혼의 증언에 호소한 것은 타당한 것이다. 그는 『영혼의 증언에 대해서』라는 저서에서 다음과 같이 말하고 있다.

"이러한 영혼의 증언은 진실하면 할수록 더욱 단순하고, 자연스러우면 자연스러울수록 거룩하다. 영혼의 권위의 근원인 자연의 위엄을 생각하면 영혼의 증언을 시시하고 우스운 것이라고는 아무도 생각지 않으리라고 생각한다. … 자연은 교사이고 영혼은 제자이다. 자연이 가르치거나 영혼이 습득한 것은 이 교사의 스승에 해당하는 하느님이 이 자연과 영혼에 준 것이다. 영혼이 최고의 스승으로부터 받아들일 수 있는 것을 여러분은 여러분 자신의 영혼에 의해서 여러분 내부에서 판단할 수 있다. 여러분에게 사물을 느끼게 하는 그 영혼을 느껴라. … 하느님에 의해서 주어진 영혼이 인간에게 예언을 말할 수 있다는 것은 얼마나 묘한 일인가! 영혼이 자신을 준 하느님을 인식하는 것은 한층 묘한 일이다." 나는 한 걸음 더 나아가 … 성서의 진술도 영혼의 진술로 본다.[15]

이 긴 인용문에 암시되어 있고 『욥에 대한 응답』 전편에서 논해지고 있는 심리학, 신학, 역사학, 성서해석학상의 논점 전체를 여기서 고찰하는 것은 불가능하지만 융의 성서에 관한 논제를 알려주고 종교적 진술에 대한 융 사상의 중심개념을 구성하는 주요한 네 개의 명제를 확인해 두는 것이 좋겠다.

1. 모든 종교적 진술은 프시케에 뿌리를 두었다. 모든 종교적 진술만이 아니라 인간이 만드는 것은 모두 소재가 돌이든 나무든, 음향이든 형태이든 행위이든 말이든, 프시케의 산물이라는 것이 융의 중심적인 명제의

---

[15] 같은 책. pp.360-62.

하나이다. 그것들은 의식의 견지에서 보면 항상 합리적이고 다정한 것이 아니고 의식적인 의도가 있어서 생긴 것도 아니다. 그러나 모든 것은 프시케의 상태, 직관, 성향의 산물이다. 어떤 돌 조각상도, 고무 포장지도, 모든 고층빌딩도, 시골의 채마밭도, 어떤 종교적 마음도, 가정의 전통도, 병원, 교회, 정당, 사회 강령, 예술, 경제학, 군사적 전략, 심리학에 이르기까지도 프시케의 운동기록이고, 프시케의 신비와 하나의 세계를 규정하고 형성하고자 하는 의도를 가지고 있다. 인간 문화의 역사는 동시에 인간 영혼의 역사이기도 하며 거기서 나오는 당연한 귀결로서 종교적 진술의 역사도 이 과정을 공유하고 있다고 말할 수 있다.

2. 종교적 진술은 심적 사실이다. 융은 "사물은 물리적 사실로서 나타날 때만 진실하다고 하는 이상한 가설"을 지닌 현대의 합리주의 기질을 항상 의심했다.[16] 융은 물리적 사실이 전부가 아니라 심적 사실이라는 것도 존재한다고 주장한다.

심적 사실이란 무엇인가? 우리 자신이 경험하는 프시케 안에서 만들어낸 것은 무엇이든 예를 들면 꿈, 공포, 장래의 비전, 타오르는 듯한 원한, 마음속의 가설, 마음에 파종된 희망, 충성심을 일으키는 신념, 좌절을 모르는 사랑과 같은 것들이 이에 속한다. 이러한 것들은 물리적이 아니라 심적인 것이지만 어떠한 건물이나 전쟁에 못지않게 개인의 생애와 사회의 역사에 실재하는 명백한 사실이다.

종교적 진술은 이런 종류에 속한다. 융은 그것들을 "심리적 고백"[17]이라고 했다. 영혼 속에서 태어나고 자라서 무게가 더해져서 어느 날 그것을 공적으로 표명하는 데 적절한 말과 이미지가 발견된다. 그것은 도리에 맞는 합리적인 형태로 표현되는 것이 아니고 논리에 의해서 생겨나는 것도 아니고, 물리적인 자료에 의존하는 것도 아니며 전혀 표현할 수 없는 거룩한 실재를 한순간에 나타나는 사상, 말 그리고 행위에 의해서 영혼에 점화

---

[16] 같은 책, p.359.   [17] 같은 책, p.360.

된 빛에서 생겨나는 것이다. 다시 말하면 종교적 진술은 물리적인 진리보다도 심적인 진리 쪽에 많이 관계되고, 물리적인 자료를 제공하는 것보다도 영혼의 생활을 비추는 쪽을 훨씬 큰 목적으로 한다. 융에 의하면 만일 위에 말한 것이 옳지 않다면 종교적 진술은 "반드시 자연과학 교과서에서 다루어야 할" 것이다. "그러나 이것들은 예외 없이 자연Physis의 실체가 아니라 프시케의 실체와 관계가 있다"는 것이다.[18]

  확실히 종교적 진술은 물리적 사실과 관계는 있다. 구약성서는 우주의 창조, 아브라함이 하느님으로부터 소명을 받은 것, 이집트에서의 탈출, 유배, 신전 건축 등의 "사실"에 대해서 말한다. 신약성서는 육화, 십자가형, 부활, 성령강림 등의 "사실"에 대해서 말한다. 이것들 가운데는 과학적인 역사가에 의해서 분명히 있음직한 것과 물리적으로는 있음직하지 않은 것으로 구분된다. 있음직한 것이든 있음직하지 않은 것이든 이러한 물리적 사실이 종교적 진술 속에서 작용하는 역할을 검토할 때에는 그 역할은 거기서 선포되고 있는 물리적 사실 자체인지 아니면 고유한 표현형식으로 이 사실을 통해서 심혈을 기울여 선포되고 있는 정신적 의미인지를 생각해야 한다는 것이 융의 주장이다. 즉, 융은 바울로가 설교하는 것은 다만 예수의 십자가형이라는 "물리적 사실"인지 아니면 그가 거기서 본 "십자가의 지혜"인지, 복음서가 알리는 것은 예수의 부활이라는 "물리적 사실"만인지 아니면 하느님이 진정한 메시아, 그리스도교 공동체의 주님으로서 살아 계신 그리스도에 대한 경험인지, 마태오와 루가가 선포한 것은 처녀인 상태에서의 출산이라는 "물리적 사실"만인지 아니면 예수는 성부의 독생자이고, 단순히 육의 의지나 인간의 의지에서가 아닌 하느님의 의지에서 태어난 것이라는 영적인 확신인지, 성모승천 교리에 대해서 선포된 것은 마리아가 아버지 나라에 올랐다는 "물리적 사실" 그것만인지 아니면 그 중에서도 특히 신적 영역에 여성적인 것이 "본래 존재하고 있다는 사실"에 대한

---

[18] 같은 책. p.464.

의식적인 인식의 성장을 나타내고 있는 것인지를 묻고 싶은 것이다.[19]

종교적 진술 특히 성서 진술의 진리성에 대한 평가에 대해서는 합리주의적 역사관을 벗어날 때가 왔다고 융은 판단했다. 진리는 "물리적 사실"보다도 크다. "처녀 출산이나 하느님의 아들, 죽은 자의 부활, 실체변화 등과 같은 신앙"을 다만 "허튼소리"[20]로 보는 것, 성모승천 교리와 같은 종교적 언명을 — 합리주의 역사가 하기 쉬운 것처럼 — 지적인 "모욕"으로 해석하는 것은 비유, 상징, 우의 속에서 발견되는 의미와의 접촉이 부족한 심성을, 프시케가 진리를 전할 때 이용하는 고유한 언어를 인식할 수 없는 관점을 폭로하는 것이다. 성모승천 교리의 출현은 — 엄밀한 의미에서 역사적 합리주의적 심성에 있어서는 몹시 놀랄 만한 일일지라도 — "… 새로운 교의만이 아니라 모두 어느 정도 교의의 성격을 지닌 주장들이 그것들의 문자상의 구상성을 넘어서서 무엇을 의미하고 있는가를 한번 스스로에게 물어봄"으로써 "영혼의 깊은 곳에 연결되어 있는 갖가지 진리에 대한 의문"을 포함해서 "그리스도교의 전통 전체를 재해석하고자 하는 큰 과제에 힘을 다해야 할 좋은 기회"를 성서해석자에게 제공하는 것으로 융은 생각했다.[21]

3. 종교적 진술의 기능은 개인 및 문화 전체, 시대 전체의 의식적 자세를 보상하고 영혼을 배려하는 것이다. 종교적 진술의 목적은 영혼의 형성이지 과학적 교시는 아니다. 역사적 정보가 아니라 오히려 자기의 기원, 운명, 본질, 의무에 대한 배려이다.

심리학의 관점에서 융은 이 과정을 무의식에서 말하자면 자연발생적·자율적으로 떠오르는 진리와 직관에 의한 의식적 자세의 "보상"이라고 설명한다. 그 요점을 설명하는 데는 어떤 문화의 정신적 생활에 있어서의 미술과 문학 걸작품의 역할을 논한 융의 문장을 인용하는 것이 알기 쉽다. 그

---
[19] 이 견해는 성모승천 교리의 심리학적 그리고 역사적인 뜻에 대한 융의 생각을 구성하는 요소 가운데 하나에 지나지 않는다. *CW* XI, pp.461-9 참조.
[20] 같은 책, p.452.   [21] 같은 책, p.467.

는 이러한 환시적 예술을 일종의 "공공의 꿈"이라 하고 문화 전체 속에서 그 기능은 개인생활에서 꿈의 기능과 같다고 한다.

융은 몇 가지 예에서 예술의 기능이란 어떤 시대의 표현되지 않은 욕구를 의식하게 하는 것이라고 보고 있다.

> 한 시대는 한 개인과 같다. 그 의식적 시야에는 고유한 한계가 있어서 보상적 조절이 필요하게 된다. 그것은 집단 무의식에 의해서 행해진다. 즉, 한 사람의 시인, 예언자, 지도자 등이 그 시대의 표현되지 않은 욕구에 의해서 인도되고, 말에 의해서 또는 행위에 의해서 모든 사람이 모르면서 찾고 기대하는 것을 실현하는 길을 제시하는 것이다. 그것을 실현한 결과가 좋든 나쁘든 한 시대의 치유가 되든 파괴가 되든간에 말이다.[22]

예술의 기능은 한 시대의 분명치 않은 결핍을 의식으로 들어올리는 것이라고 융이 말한 경우도 있다. "환시적 문학은 일방적이고 이상한 또는 위험한 의식상태를 분명히 목적에 어울리는 방식으로 균형상태로 옮길" 수 있다고 융은 말하고 있다. "불만족스러운 현재에서 예술가가 갈망하는 것은 시대정신의 결핍과 일방성을 보상하는 데 가장 적합한 근원적 이미지를 무의식에서 찾는 것이다. 예술가는 이 이미지를 움켜잡고 그것을 무의식의 깊은 속으로부터 끌어올려서 의식적 가치에 관련지어 변형해 간다. 이렇게 해서 곧 그 이미지는 가치에 따라서 동시대인으로부터 수용될 수 있게 된다."[23]

유대교와 그리스도교의 오랜 역사는 히브리인의 공동체와 그리스도인의 공동체의 의식 안에 있는 종교적이고 성서적인 진술의 유사한 보상 기능을 명백히 나타낸다. 심리학의 관점에서 보면 이러한 진술이 지적하는 진리는 몇 세기 동안 의식의 표면 아래서 격렬하게 운동하면서 때때로 각지의 예

---

[22] Morris Philipson, *Outline of Jungian Aesthetics* (Evanston, IL: Northwestern University Press, 1963), p.128에 인용되었다.

[23] 같은 책, pp.125 이하.

언자의 발언으로서 지진을 알리는 신호를 발신하고 있다. 이렇게 해서 시간이 무르익기를 기다려서 결국 의식에 침입해 간다. 이때 새로운 계시와 감성이 나타나서 이전의 계시와 감성으로 대체하고 새로운 계약이 오래된 계약을 무효로 만든다. 그리고 문화 전반을 대표하고 다시 그 이상의 것까지도 말하는 놀라운 형상과 말로써 과거의 희망과 꿈이 실현된다.[24]

디모테오에게 보낸 둘째 편지의 저자*는 "성서는 전부가 하느님의 계시로 이루어진 책으로서 진리를 가르치고 잘못을 책망하고 허물을 고쳐주고 올바르게 사는 훈련을 시키는 데 유익한 책입니다. 이 책으로 하느님의 일꾼은 모든 선한 일을 할 수 있는 자격과 준비를 갖추게 됩니다"(2디모 3,16)라고 썼다. 그 기능은 초월적인 말로써 영혼을 가르치는 것이고 심리학 용어로 말하면 "의식의 자세를 보상하는" 것이다. 융의 입장에서 보면 이 보상 과정이 계속되는 동안 성서의 깊이와 말씀 그리고 환영은 강하게 요구되면서도 희미하게밖에는 감지되지 않은 채 성서의 진리를 생활화하며 그것을 알기 쉽게 전하는 임무를 감당하는 사람들에 의해서 의식화되기를 기다리는 것이다.[25]

---

[24] 제5장의 자기원형의 예증으로 그리스도 상에 대한 융의 설명 및 *CW* XI, p.441을 보라.

* 보낸 사람은 바울로라고 기록되어 있지만(1,1), 바울로의 영향을 받은 다른 저자의 손에 이루어진 것이라고 생각한다.

[25] 『욥에 대한 응답』을 이러한 현대의식 속에서 인지되는 것을 기다리고 있는 "무의식에서 생기는 진리"를 두 가지로 논하고 있다. 양쪽 다 성서에 언급되어 있다. 첫째는 "하느님 세계"에서의 악의 실재와 관계되고, 둘째는 인간 안의, 인간 육신 안에 존재하는 것으로서 하느님의 개념화와 관계된 것이다.
악의 문제에 관해서는 욥기에 잠재적으로 표현되어 있다는 융이 말하는 진리는, "모든 선은 하느님께서, 모든 악은 사람에게서"라는 믿음이 깊은 공리를 우리가 받아들이기가 이제 와서는 어렵다는 것이다. 에덴 동산의 이야기, 욥기, 하느님의 타락한 아들인 사탄에 대한 신화, 십자가 위에서 하느님으로부터 버림받았다고 울부짖는 그리스도 상을 더듬어가며 논의를 진행하고 무의식에서 나오는 이러한 신호는 악을 보는 또 하나의 견해가 필요하다고 알리고 있다고 융은 주장한다. 즉, "하느님의 생애"나 사람들의 인생에도 선과 악, 빛과 어둠, 은총과 심판이 신비하게 교착하고 있다고 하는 무의식이 인식하고 있지만 의식이 승인하는 데는 너무나도 유쾌하지 않은 경험을 더욱 중요시할 필요가 있다고 한다. 분명히 유대인 대학살을 가리켜서, 이러한 악을 직접 본 이 생에는 "선한 하느님"의 모습을 묻는 것은 "절박한 임무"이고, 신학자나 문외한도 한결같이 공헌할 수 있을 것이라고 융은 제언하고 있다. *CW* XI, p.453 참조.
인간의 육신 안에 존재하는 하느님이라는 개념에 대해서는 2000년 전에 나자렛의 예수에

4. 종교적 진술은 초월적인 것에 뿌리를 두고 있다. 앞에서 『욥에 대한 응답』머리말의 "종교적 진술이란 결국 무의식적인, 즉 선험적인 과정에 입각한 영혼의 고백이다"라는 융의 글을 보았다. 예고도 없이 초대되지도 않은 채 의식 영역에 들어온 꿈의 경험과 갑자기 불가피하게 새로운 일의 "영감을 받은" 시인, 화가, 음악가의 보고를 근거로 융은 성서의 저자가 하느님의 말씀 또는 성령에 사로잡혀 저항할 수 없는 환영, 명령, 위탁을 받았다고 말하는 것을 이상하게 생각하지 않았다. 사무엘 하권 23장 2절에서 다윗은 "주께서 나에게 영감을 주시어 말씀하셨다. 당신의 말씀을 내 혀에 담아 주셨다"고 말하고 있다. 예레미야서 1장 9절은 주께서 손을 내밀어 예레미야의 입에 대셨다고 말한다. 묵시록의 저자는 하늘에서의 소리가 그에게 기록하게 한 것을 회상하고 있다(14.13). 예수는 제자들에게 다음과 같이 말씀하신다. "잡혀갔을 때 '무슨 말을 어떻게 할까?' 하고 미리 걱정하지 말아라. 때가 오면 너희가 해야 할 말을 일러 주실 것이다. 말하는 이는 너희가 아니라 너희 안에서 말씀하시는 아버지의 성령이시다"(마태 10,19-20).

본인이 의식하고 있는 지식이나 의도를 넘어선 "말씀"에 의해서 붙잡힐 수 있다는 가설이 성서 전체를 일관하고 있다. 그 "말"은 "주님의 말씀", "전능하신 분의 숨", "하늘에서 들리는 소리", 가장 일반적으로는 "하느님의 영", "성령" 같은 여러 가지 표현으로 기술된다. 바울로는 고린토 사람들에게 보낸 첫째 편지 2장 10-13절에서 이런 경험을 기술하고자 했다.

게 일어났던 것으로 육화의 교리를 오늘날 우리가 승인하는 것은 쉽지만, 우리가 하느님의 모습으로 태어난 것, 우리가 하느님과 하나라는 것, 우리가 그 안에 하느님의 성령이 살아계신 신전이라는 것을 암시하는 성서의 문장을 받아들이는 편이 훨씬 어렵다고 융은 평하고 있다. 하느님은 "인간 영혼 안에 태어나실" 필요가 있었다고 말하는 마이스터 엑카르트의 신비적 직관에도 언급하고 있다. *CW* XI, p.456 참조. 이와 같은 사상을 의식해도 앞에서 말한 바와 같이 도처에 선과 악의 거룩한(신성한) 교착이 있기 때문에 악과 굳게 결합되어 있다는 느낌에서 해방될 수는 없다. 이와 같은 통찰에서 얻어지는 것은 우리 한 사람 안에 거처하는 악의 실제적 힘과 그와 동시에 그러한 악을 달래려는 힘을 흔들어 무너뜨리려는, 하느님께서 받은 내부의 존재를 함께 강하게 알아차리게 되는 것이다. 이러한 감지가 의식에 이르면 융이 판단하는 바로는 현대세계의 우리의 도덕적 책임감에 깊은 충격을 주는 것이다.

성령께서는 하느님의 깊은 경륜에 이르기까지 모든 것을 다 통찰하십니다. 사람의 생각은 그 사람 속에 있는 마음만이 알 수 있듯이 하느님의 생각은 하느님의 성령만이 아실 수 있습니다. 우리가 받은 성령은 세상이 준 것이 아니라 하느님께서 주신 것입니다. 그래서 우리는 하느님께서 우리에게 주시는 은총의 선물을 깨달아 알게 되었습니다. 우리는 그 은총의 선물을 전하는 데 있어서도 인간이 가르쳐 주는 지혜로운 말로 하지 않고 성령께서 가르쳐 주시는 말씀으로 합니다. 이렇게 우리는 영적인 것을 영적인 표현으로 설명합니다.

융이 이해하는 바로는 이와 같은 현상은 꿈이나 눈을 뜨고 보는 환영과 같아서 자연발생적이고 자율적으로 의식을 덮치기 때문에 저항하기 어려운 것으로 자신이 의식하고 준비했다고는 주장할 수 없다.

이런 종류의 관념은 생각해서 만들어내는 것이 아니라 예를 들면 꿈 같은 것으로서, 이미 이루어진 형태로 내적으로 지각된다. 이것은 우리 마음대로 할 수 없는 자연발생적 현상이다. 따라서 이 현상에 일정한 자율성이 있다고 하는 것은 정당한 것이고 그때문에 단순히 대상으로만 보지 않고 고유한 법칙을 지닌 주체로서도 고찰해야 한다. 물론 의식의 입장에서 대상으로서 기술할 수 있고 눈앞에 있는 인간을 기술하고 설명할 수 있는 것과 같은 정도까지라면 설명할 수도 있다. 그러나 이 경우는 당연히 자율성을 무시하지 않을 수 없다. 자율성을 고려한다면 반드시 주체로서 다루지 않으면 안 된다. 결국 자발성과 계획성, 또는 일종의 의식과 자유 의지를 가진 것으로 인정해야 한다. … 더구나 이러한 이미지가 지닌 특별한 힘*은 "가장 실재적인 존재자"가 암시되었다고 우리에게 느끼게 할 뿐 아니라 오히려 그 존재자가 거기에 표출되고 호출된다고 확신시킬 정도의 것이다.[26]

---

[26] CW XI, pp.362-3.

* mana: 멜라네시아. 폴리네시아의 종교적 관념. 비인격적 자연의 힘.

융에게 있어서 프시케란 거룩한 것과 인간적인 것이 교차하는 자리이다. 전통적인 신학과 민간 종교사상은 거룩한 것, 초월적인 것을 주로 "외부"와 관련한 초월성으로 생각하는 경향이 있었다. 즉, 산정에서, 구름 속에서, 또는 "위"에서 오는 환상을 통해서 인간에게 호소하는 분으로서 하느님을 생각하고 있었다. 그러나 거룩한 것, 초월적인 것에 대해서 융은 "내부"의 초월로서 내부에서 인간 영혼에 접촉하고 인도하는 하느님으로 생각할 수 있을 것이라고 제안하고 있다. 인간에 내재하는 성령paraclete(파라클리토) 사건을 말하는 제4복음서의 저자와 그리스도교 신자에게는 그 안에 하느님의 성령이 내재하는 성전이 있다고 말하는 바울로와 "신성 안에 홀로 계신 하느님은 지복의 상태에 계신 것이 아니므로 인간의 영혼 안에 사셔야 한다"[27]고 주장한 13세기 도미니코 수도회의 신비론자 마이스터 엑카르트와 일치하여 융도 역시 다음과 같이 단언한다. "하느님은 어디서나 드러낼 수 있지만 인간의 영혼만은 예외라고 주장하는 것은 하느님께 대한 모독인 것이다."[28]

우리의 신학적인 "이미지나 비유 그리고 개념이 그 초월적인 대상에 관해서 어느 정도로 분명하거나 애매한지는 우리로서는 알 수 없다"[29]고 융은 인정하고 있다. 그리고 그는 "언어의 빈약함은 물론이고 우리의 표상 능력"의 한계를 완전히 의식하고 있다.[30] 그러나 우리는 논리에 의해서는 검증할 수 없지만 경험에서는 부정할 수 없는 그러한 "심적 사실을 다루는 것"이고 성서가 증언하는 것은 이러한 초월적 "사실"과 경험이라고 그는 주장하고 있다.

---

[27] 같은 책, p.456.

[28] *CW* XII, pp.10 이하. Bayard P. Herndon에서 배운 바가 있다. 1978년에 Hartford Seminary Foundation에 제출한 그의 박사 논문 *The Problem of Transcendence in the Thought of Edmund Husserl, Maurice Merleau-Ponty, Rudolf Bultmann, and Carl Gustav Jung*은 우리의 초월 개념을 "위쪽으로"의 초월에서 "아래쪽으로" 또는 "내부로"의 초월로 고칠 필요가 있다는 명제를 설명하고 있다.

[29] *CW* XI, p.360.   [30] 같은 책, p.361.

성서: 영혼의 집대성

성서의 표현 전체의 중심에는 거룩한 것에 대한 의식이 있다. 성서의 어느 말씀에도 계시된 것이든 감추어진 것이든 알려진 "초월적 존재"가 들여다 보인다. 성서의 저자는 언어와 시대의 한계 내에서 온갖 기술을 다해 이 "초월적 존재"에 대해서 그들이 견문한 것을 충실하게 전하려고 최선을 다했다.

프시케는 "거룩한" 것에 대한 경험을 표현하는 방법을 많이 가지고 있고 그 모든 것이 문자를 사용하는 것은 아니다. 그 기교는 한이 없는 것 같다. 지성소를 짓고, 제단을 설치하고, 치료를 위한 모래 그림을 디자인하고, 신조를 구성하고, 자선을 행하고, 그림을 묘사하고, 초상을 만들어내고, 춤을 가르치고, 제의를 입고, 스테인드 글라스의 도안을 디자인하고, 또는 유대교와 그리스도교의 전통이 몇 세대를 통해서 보여준 전례를 행한다. 그러나 또한 프시케는 자신이 가진 지식을 입으로 하는 말과 쓰여진 말로 — 신화, 사랑의 노래, 전설, 역사, 시, 잠언, 예언자의 꿈, 제의 율법, 편지, 신조, 성가, 영광송, 기도문, 종교적 이야기, 만가, 희곡, 묵시록, 복음서 — 표현할 수도 있다.

성서가 말하는 양식을 볼 때 성서 저자들의 문체, 재능, 관점이 다종다양하다는 것이 드러난다. 융의 용어를 사용하면 성서는 문학상의 "대극물의 결합"이고, 그 한 권의 책 안에는 정통과 이단, 보편과 편협, 율법주의와 반율법주의, 사제의 전통주의와 예언자의 도덕주의 그리고 현세적 관점과 함께 내세에 대한 관점이 포함되어 있다.

성서의 저자 사이에도 융의 심리학적 유형을 떠올리는 것이 있다. 창세기, 룻기, 요나서, 루가 복음서와 사도행전*의 저자들과 같이 모두가 가르침과 선언을 가지고 세상 속으로 나간 매우 외향적인 사람도 있고, 또 한

---

* 루가 복음서와 사도행전은 둘 다 루가라는 의사가 썼다고 생각한다.

편 예레미야, 에즈라, 또는 묵시록의 저자와 같이 보다 내향적이고 세상을 이미 부패하고 있는 것으로 보고 거기서 물러나 있는 사람도 있다. 마태오와 같이 도덕적 의분을 말하는 감정형, 아가雅歌와 같이 육체적 사랑을 격찬하는 감각형, 잠언과 같이 현명한 사람과 어리석은 사람을 헤아리려는 사고형, 요한 복음서와 같이 모든 사물에서 영원한 말씀을 감지하는 직관형도 발견된다.

성서의 어디를 읽어도 자신의 혀와 리듬과 자신의 어휘와 주문으로 말하는 저자의 소리가 분명히 들린다. 그러나 그들이 들은 본래의 소리와 말도 부대적 의미로 느껴진다. 성서 저자 곁에 계속 머문다는 것은 그들의 작품을 통해 자신의 말과 의지를 반향시키고 있는 "유일한 존재" 속으로 우리 자신을 이끌어간다는 것이다.

제4장

성서의 상징: 영혼의 어휘

인간이해의 범주를 넘는 것들이 무수히 존재한다. 우리는 완전히 정의할 수도 설명할 수도 없는 이러한 개념을 나타내기 위하여 끊임없이 상징적인 용어를 사용한다. 이것이 모든 종교가 상징적인 이미지나 언어를 사용하는 이유 중의 하나이다.　　　　　　　　　　　　　　　— 『인간과 상징』[1]

1952년 바젤에 사는 친구에게 써 보낸 편지에는 융의 다음과 같은 개인적인 감상이 들어 있다. "최근 중년을 넘어선 스위스의 한 성직자로부터 감동적인 편지를 받았습니다. 나의 저서에 의해 마침내 성서에 대한 길이 열렸다고 힘주어 써 온 것입니다. 이것은 전혀 예상 밖의 일입니다." 게다가 "그러나 이 사실에서 아실 수 있을 것입니다. 성서의 비유적인 언어는 성직자에 의해서조차 이해되고 있지 않은 것입니다"라고 융은 계속해서 말했다. 성서의 말은 불가피하게 비유적·상징적인 언어 쪽으로 이끌린다는 사실을 이해하면 성서의 의미와 목적의 적절한 이해의 길이 열린다는 기본적인 신념을 여기서도 융은 확인하고 있다.

　이 문장은 융 자신의 경험에 비추어 보아야 한다. 모든 성직자가 성서 언어의 비유적 요소를 이해할 수 없다고 융이 생각했던 것은 아니다. 그러나 융에게 있어서는 그의 아버지나 삼촌들이 모두 그가 마음으로부터 사랑하고 있던 성직자였지만 성서를 생명의 책으로서가 아니라 오히려 역사적 사실의 책, 과학적 사실의 책, 또는 신학적 사실의 책으로 다루는 것처럼

---

[1] *M&S*, p.21.

보이는 것이 이상하다고 생각했다. 그들이 성서를 피와 살이 되어야 할 변용의 책으로서보다는 오히려 믿고 습득해야 할 정보의 책으로서 가르치고 있는 것을 그는 이해할 수 없었다.

대조가 되는 것이 대설교가 헬포드 룩코크Halford Luccock가 말하고 있는 이야기에도 나타나고 있다. 이야기는 로이드 루이스Lloyd Lewis가 쓴 『샤만* 장군전』Life of General Sherman에서 취한 것인데, 실로의 전투 때의 북군측의 마부 이야기이다. 그 마부가 질퍽거리는 강둑에 대포를 밀어올리려고 악전고투하고 있는 곳에 그리스도교 위원회에서 파견된 전도사가 성서를 손에 들고 왔다. "십자가에서 돌아가신 분을 당신은 알고 계십니까?" 하고 전도사가 마부에게 물었다. 그는 얼굴도 들지 않고 대답했다. "장난 그만두시오. 나는 진흙 속에 묻혀 있소."²

융의 관점에서 볼 때 영혼의 책으로서의 성서가 다루고 있는 문제는 단순한 공식이나 슬로건, 또는 교리문답과 같은 연속 문답으로 축소될 수 있는 것이 아니며 성서의 진리를 일단 시행하면 죽을 때까지 유효한 예방접종과 같이 생각할 수 있는 것이 아니다. 성서가 다루고 있는 문제는 그렇게 간단히 처리할 수 있는 것이 아니다.

성서는 어떤 문제점에 대해서 말하고 있는가? 우리 삶의 의미와 죽음의 의미, 악과 고통의 신비, 그리고 사랑과 치유의 신비에 대한 것이다. 죄와 죄악감, 용서와 함께 오는 해방이라는 심적 사실을 성서는 말한다. 거룩한 것, 말을 초월한 것, 단순한 공식을 초월한 것에 대해 말하고 있다. 그런 것은 기껏해야 암시될 수 있을 뿐이다. 그러한 실체에 대해서 말하는 것이기 때문에 이야기, 비유, 상징의 형태로 말할 수밖에 없다고 융은 주장하는 것이다.

---

* 미국 남북전쟁 당시 북군의 장군. 실로는 현재 군사공원이 되었다.
² Robert E. Luccock, ed., *Halford Luccock Treasury* (Nashville: Abingdon, 1963), pp.160 이하.

상징이란 무엇인가?

『인간과 상징』속에 다음과 같은 글이 있다. "인간이해의 범주를 넘는 것들이 무수히 존재한다. 우리는 완전히 정의할 수도 설명할 수도 없는 이러한 개념을 나타내기 위하여 끊임없이 상징적인 용어를 사용한다. 이것이 모든 종교가 상징적인 이미지나 언어를 사용하는 이유 중의 하나이다."[3] 성서의 저자는 이것을 이해하고 있다. 바울로는 확실히 인간의 지식과 언어의 한계를 알고 있었다. 이사야도, 네 명의 복음사가도 마찬가지이다. 그들은 자신이 알고 있는 바를 말한 것인데 부분적으로는 시각에 의존했다. 독일의 오랜 성가에서 "저 하늘의 달을 보라. 보이는 것은 이쪽의 절반 뿐"이라고 가르치고 있는 대로이다. 상징의 대상은 반쪽은 이해되고 반쪽은 인간이해력에서 감추어져 있는 실체이다.

상징이라는 말의 어원이 실제로 이 사실을 제시하고 있다. 이 말은 그리스어의 두 개의 어근에서 파생한 것으로 "함께"라는 의미의 접두사 sym과 "던지다"라는 의미의 동사 ballein — 영어의 ballistics이라는 말은 여기서 나왔다 — 의 결합인 것이다. 다시 말하면 상징은 두 개의 어떤 주제와 그 의미를 파악하는 데 가장 적절하다고 생각되는 이미지를 "함께 던지는" 것이다. 융의 표현같이 상징이란 "그다지 알려지지 않은, 따라서 그 이상 분명하게, 즉 그 특징을 알 수 있게 표현할 수 없는 것의 할 수 있는 한의 최상의 정식적 표현"[4]으로서의 이미지를 제공하는 것이다.

상징은 무엇때문에 있는가? 융이라면 영혼의 형성을 위해 머리와 마음과 의지의 자각과 성장을 일깨우고 육성하며 자극하고 깊게 하기 위해서라고 대답할 것이다. 사실 나자렛의 예수는 그와같이 상징을 사용했다. 그는 질문을 받았을 때 직접적인 대답을 제공하는 일은 좀처럼 하지 않는다. 대신 그는 청중을 모방하게 하는 것이 아니라 생각하게 하기 위해 이미지를 제

---

[3] M&S, p.21. [4] Jacobi, *Complex, Archetype, Symbol*, p.80에서 인용.

공하거나 이야기를 하거나 한다. 도드C. H. Dodd의 비유 이야기의 기본적인 정의는 예수의 가르침이 지닌 이 상징 기능을 매우 잘 파악하고 있다. "비유 이야기란 자연 또는 임상생활에서 취한 은유隱喩 또는 직유直喩이다. 그 생생함과 기이함으로써 청중을 사로잡고 정확한 타당성에 대한 강한 의문을 남기고 괴롭혀서 적극적으로 생각하게 한다."[5]

융의 입장에서 보면 상징이란 영혼의 자연스런 언어이다. 우리는 꿈속에서 상징을 자연발생적으로 만들어낸다. 그리고 일상 대화 속에서 이미지와 상징을 만들어낸다. 사적인 낙서에서 공적인 기술技術까지, 사업의 광고든, 과학 잡지든, 종교나 예술이든, 사용되는 상징은 논리적이고 직접적인 말로는 적어도 효율적으로 전달되지 않을 것이라는 생각을 갖게 한다. 그뿐 아니라 우리는 모두 태어나면서부터 상징에 반응하고 그 의미의 파악방법을 직관적으로 알고 있다고 융은 말하고 있는 것이다.

성서의 저자는 이러한 사실을 전부 또는 대부분 알고 있다. 시편의 시인들, 잠언의 저자들, 이야기와 비유를 말하는 사람들, 묵시의 필자들 모두가 말하는 의미는 언어를 넘어서 있는 것이다. 이야기를 하고자 하는 실제의 전체성을 상대의 전 인격을 향해서 말하는 것이 직접적인 이야기 방법으로 되지 않을 때 이미지, 비유, 이야기, 상징을 사용하면 종종 성공할 수 있다는 것을 이해하고 있었다.

융의 관점에서 본 성서의 상징어휘

효과적인 상징이 가장 깊은 감정, 동경, 직관을 일깨우는 힘을 갖는 것은 그것이 다만 자기의 합리적이고 의식적인 면보다도 폭넓게 들을 수 있기 때문이다. 융에 의하면 상징에는

---

[5] C. H. Dodd, *The Parables of the Kingdom* (New York: Charles Scribner's Sons, 1958), p.16.

이성과 합치하는 일면이 확실히 있지만 이성으로는 받아들일 수 없는 면도 있다. … 상징이 지닌 미래의 의미와 함축된 의미는 생각과 감정에 똑같이 강하게 작용한다. 보통 상징의 특정한 입체적 형상은 감각적 형태를 취하면 감각과 직관을 자극한다.[6]

사람들은 성서의 상징에도 이러한 다면적인 감흥을 일으키는 힘이 작용하고 있는 것을 알고 있다. 여기서 성서의 개개의 상징을 깊이 탐색해 보거나 빠짐없이 낱낱이 들어 말할 수 없지만 융이 생각하는 상징의 성질을 토대로 상징 전반이 특수하게는 성서의 상징이 그들이 전하고자 하는 의미에 영혼의 주의를 끌기 위해 사용하는 다가적polyvalent 방법 몇 가지를 제시할 수 있다. 그것은 의식적인 요소만이 아니라 무의식적 요소도 동원해서 자기의 사고면, 감정면, 직관면, 감각면에 호소하는 과정이다.

기하학적 상징: 기하학적 상징은 성서에서는 암시하는 정도밖에는 나오지 않지만(십자가[7], 원[8], 정방형[9]), 성서에서 진전된 전통적 회화 표현에서는 중요한 자리를 차지하며 현재 우리의 취지에서 말하면 상징의 발생과 그것을 해석할 때에 작용하는 무의식의 요소를 특히 유효하게 설명해준다.

"지상적"인 것에 대립하는 "천상적"인 것을 상징하는 이미지로서 수직선과 수평선 중 어느 쪽이 더 낫냐고 하는 물음을 나는 연구 집단에 자주 제기했다. 그러면 학생들은 언제나 수직선이라고 대답한다. 마찬가지로 "인간적"인 것에 대립하는 "초월적"인 것을 상징하는데는 삼각형 A와 삼각형 B 중 어느 쪽이 더 나은지를 물어본 경우도 있다. 이번에도 그들은 변함없이 전자를 선택했는데 그 이유는 상당히 분명한 것 같다. 그러나 특히 어떤 숫자나 색에 그들이 부여

---

[6] Philipson, op. cit., p.71에서 인용.
[7] 1고린 1,17; 골로 1,20; 2,14. [8] 이사 40,22; 전도 1,6; 시편 19,6.
[9] 묵시 21,12-21의 완전한 정방형으로서의 도시에 대한 기술을 보라.

하는 의미를 묻는 단계가 되자 그처럼 자연스럽게 만장일치의 선택이 이루어진 것은 놀라운 일이다. 이러한 연습문제의 결과가 암시하는 것은 문화적 조건 부여에 의해서 또는 인간의 프시케 속에 있는 타고난 경향에 의해서 우리 현재의 의식은 "수평" 또는 "아래쪽으로 밀어붙이는" 이미지보다 "수직" 또는 "위쪽으로 밀어붙이는" 이미지 쪽이 초월성의 표현에 적합하다고 생각함으로써 이미 의식적인 훈련을 통해 그 의미를 밝히지 않아도 주어진 상징이 함축하고 있는 의미가 무엇인지를 그대로 지각할 수 있다는 것이다.

위의 연습을 계속해서 진행시켜 수직선과 수평선을 결합시키면 십자가형이 된다. 위쪽을 가리킨 삼각형과 아래쪽을 가리킨 삼각형을 결합하면 고대 다윗의 별 또는 솔로몬의 인형印形으로서 알려진 이미지가 된다. 기호로는 십자가와 다윗의 별은 각기 그리스도교와 유대교를 표시하는데 상징으로서 이들의 기학적 성질 자체가 우리의 문화적 환경에서는 "신성한 것"과 "인간적인 것", "천상적인 것"과 "지상적인 것"의 융합이라는 기본적으로 의식에는 "감추어진" 개념을 매개할 수 있다.

상징은 의식이 알아차리는 표시적인 연상만이 아니라 주로 무의식 수준에 기록되는 의미도 함축하고 있다. 이 사실은 어떤 상징이 비합리적이지만 지속력을 장기간 보존하는 것을 설명하는 데 도움이 된다.

숫자의 상징: "신화와 무의식 속에서 숫자가 수행하는 역할은 사고를 활기차게 한다"[10]고 융은 말하고 있다. 성서에서 숫자는 기호로서나 상징으로서 기능한다. 기호로서의 숫자는 어떤 인간, 또는 어떤 사람 이름의 암호인 경우가 가장 많다. 고대 히브리어나 그리스어에서 숫자는 알파벳의 문자로 표시된다(예컨대 A=1, B=2, C=3). 따라서 각 단어나 명칭은 어떤 숫자상의 가치를 가지고 있고 상관적으로 어떤 숫자든 문자가 지닌 가치가 그 숫자의 합계가 되는 단어나 명칭을 표현할 수 있다. 전형적인 예는 묵시록 13

---

[10] *CW* X, p.409.

장 18절의 "짐승의 수는 666입니다"라는 것이다. 이 숫자가 가리키는 것은 아마 네로 — NERON CAESAR는 히브리 문자로 666이 된다 — 나 로마 황제 — LATEINOS는 그리스어 문자로 666 — 였다고 생각된다. 그러나 상징으로서의 한 숫자는 결정된 한 문자로서 기능하는 것이 아니라 의식에 있어서 전혀 분명하지 않은 여러 이유에서 그 숫자와 결합되어 있는 특징, 개념, 가치를 의미하는 이미지로서 작용한다. 숫자로 나타난 상징의 정확한 일람표를 작성할 수는 없지만 지성으로는 희미하게 알 수 있을 뿐이기 때문에 고대 근동세계와 성서에서 일정한 숫자에 의해서 매우 잘 전해진다고 생각된 개념 몇 개를 들 수 있다.

예를 들면 어떤 집단이 하느님(神)을 상징하는 가장 적합하다고 생각하는 수를 선택하라는 요청을 받으면 그들은 반드시 "하나" — 또는 그리스도교권이면 "3" — 를 생각해내고 그것에 크기를 표현하는 영(0)을 한 개나 두 개 덧붙인다. 예를 들면 10, 100, 1000 등이 그것이다.

3은 또한 일반적으로 하느님과 관련된 숫자로 경우에 따라서는 생성적인 통일성과 다양성 — 두 개의 요소가 제3의 것을 산출하는 것으로 어머니, 아버지, 아들; 성부, 성자, 성령; 모세, 엘리야, 예수가[11] 그 예다 — 의 개념을 의미한다. 이것은 또한 과정의 관념 — 발단, 중기, 마지막; 과거, 현재, 미래 — 과도 결부되어 있다.

4는 실현된 전체성 또는 완전성을 표현하는 데 거의 보편적으로 채용된 상징적인 숫자이다. 땅의 사방(이사 11.12; 묵시 7.1), 나침반의 네 개의 기본 방위(루가 13.29), 플라톤의 네 가지 미덕(지혜·절제·정의·용기), 이외에 황야를 40년간 방황한 이스라엘, 또는 모세(출애 34.28), 엘리야(1열왕 19.8), 예수(마르 1.13)의 40일간 단식의 상징으로 비쳐진 완전성의 심상도 있다.

7과 그 배수인 70은 고전 고대에 완전을 표시하기 위해 가장 널리 사용된 숫자의 하나였다. 예수나 바울로와 같은 시대 사람이었던 알렉산드리아의

---

[11] 마르 9,2-13 및 다른 복음서의 각각의 변모 기술을 보라. 여기서 예수는 율법(모세)과 예언(엘리야)이라는 병행하는 두 개의 전통에서 생긴 새로운 "제3의 것"처럼 보인다.

성서의 상징: 영혼의 어휘 95

유대인 철학자 필로Philo는 「우주 창조에 대해서」라는 논문의 일부를 이 "거룩한" 수에 바치고 있다. 성서는 창조의 7일간부터 시작한다. 신약성서 가운데서도 특히 유대교적 그리스도교의 전통이 반영된 마태오 복음서, 야고보의 편지, 묵시록은 7을 강조하고 있다. 예를 들면 주님의 기도(마태 6,9-13)의 일곱 가지 기원, 마태오 복음서의 일곱 가지 비유 이야기, 같은 복음서 23장의 일곱 가지 저주, 야고보의 편지 3장 17절의 천상 지혜의 일곱 가지 은사, 그리고 묵시록에서 계속해서 병행해서 나타나는 일곱 교회, 일곱 천사, 일곱 나팔, 일곱 진노 같은 것들이 그것이다. 성령강림 대축일이 유대교 전통에서는 과월절부터, 그리스도교에서는 부활절부터 계산해서 7의 7배수에 하루를 더한 50일째라는 것도 같은 선상에서 생각해 볼 수 있다.

고대 천문학이 태양년을 12월로 나누고 천계를 12황도대로 나누고 주야를 12시로 나눈 것을 생각하면 성서에서 12라는 숫자가 중요하게 생각되는 것은 당연하다. 12부족, 12명의 제자, 하늘의 12대문(묵시 21,12-14), 구원의 도장을 받은 144(12×12)명의 영혼(묵시 7,4), 존중되고 있는 2개의 수의 곱 (3×4)이 12라는 사실도 고대 사람은 간과하지 않았다. 12는 최고의, 즉 우주론적으로 중요한 완전성을 의미하는 것 같았다.

4세기에 들어와서 아우구스티누스는 성서의 "숫자의 과학은 주의깊은 해석자에게 ⋯ 크게 도움이 되었고" 또 "숫자에 무지하면 비유적이고 신비적으로 성서에 기록되어 있는 것을 이해하지 못할 것이다"[12]라고 썼다. 성서의 저자가 특정한 숫자에 제공한 특유한 가치에 대해서 우리는 아우구스티누스만큼의 확신은 갖지는 못한다 하더라도 저자의 의도에서뿐만 아니라 독자의 무의식적 지각의 입장에서도 숫자가 갖고 있는 상징적 가치에 대해서 보다 민감해지는 데에 이 말은 유익하다고 생각된다.

---

[12] John A. Sanford, *The Kingdom Within* (Philadelphia: J. B. Lippincott Co., 1970), p.179 참조. 인용은 『하느님 나라』 XI. xxx와 『그리스도교의 가르침』 II.39. 성서의 숫자판에 대한 현대의 연구서로는 Marvin Pope, "Numbers", *The Interpreter's Dictionary of the Bible* (Nashville: Abingdon, 1962), Vol.K-Q, pp.564-7; "Seven", *IDB*, Vol.R-Z, pp.294-5; "Twelve", ibid., p.719를 보라.

색의 상징: 꿈과 예술의 분석에 대한 논문에서 융은 일찍이 색채는 상징적으로 기능하고, 그림이나 꿈에 중요하고 의미있는 요소를 자주 덧붙였다고 써놓았다.

> 색채에 감정적인 가치가 있는 것을 알기 위해서는 … 환자의 소묘나 색채화를 보기만 하면 된다. 꿈이나 갑작스런 착상이나 공상을 급히 스케치하는 데는 처음에는 대부분 연필이나 펜이 사용된다. 그러나 어느 순간부터 … 환자는 색채를 이용하기 시작한다. … 단순한 지적인 관심이 물러가고 정서적인 관여가 전면으로 나온다. 똑같은 현상이 때로는 꿈에서도 관찰된다. 위에서 말한 그러한 순간에 색깔있는 꿈을 꾸고, 또는 어떤 특정한 원색이 강조되고 있다.[13]

성서는 색 그 자체의 개념에 대해서는 말하고 있지 않지만 사상, 감정, 개념을 전하기 위해 현대의 독자에게도 결코 놀라운 것이 없는 상징적 색채의 사용을 알고 있다. 이러한 색채는 현대인에 대해서도 역시 똑같은 무의식적 연상을 많이 일으킨다.[14]

검은색이 인간 경험의 어두운 면, 애도(예레 4.28), 황량(이사 50.3) 배신(욥기 6.16), 그리고 악에 대한 우주적 심판(묵시 6.12) 등을 뜻하는 것은 예상대로이다. 푸른색의 의미는 지혜(벤시라의 지혜 6.30)인데 그것은 광범위하게 충성심을 연상시키는 자색과 보라색과 관련된 색조와도 관련이 있다. 회색은 노령(창세 42.38), 녹색은 건강, 생명력, 번성, 성장(마르 6.39; 신명 12.2)을 의미한다. 적색은 어원적으로는 히브리어의 "대지"를 나타내는 단어와 관계가 있는데 피와 폭력(묵시 6.4)과의 연상이 두드러진다. 백색은 기대한 대로 순화(시편 51.7)를 의미하고 그리고 천사(요한 10.12), 부활하신 주님(마태 28.3), 구원이 예정된 사람들(묵시 7.9)의 의복은 흰색으로 신성을 뜻한다.

---

[13] *CW* XIV, p.248. [14] R. W. Corney, "Color", *IDB*, Vol.A-D, p.657.

꿈, 미술 또는 성서에 나타난 색채의 상징적 의미에 관해서 융이 밝히려 했던 요점은 색채는 합리적이고 의식적인 마음보다도 감각, 감정, 직관에 대해 말하는 매체를 통해서 가치, 감정, 직관을 전달한다는 것이다.

인체의 상징: 성서에는 명시된 생식기의 상징은 없지만 몸의 다른 모든 부분은 모두가 상징적으로 사용되었다.

하느님의 뜻을 상징하는 주요한 이미지의 하나는 소리이다. 소년 사무엘은 실로Shiloh에 있는 지성소에서 자신을 부르는 주님의 소리를 듣는다(1사무 3,2 이하). 예언자들도 이 소리를 알고 있다(예를 들면 이사 6,8; 예레 3,13). 이 소리는 예수가 세례받을 때(마르 1,11)에도 변모(마르 9,7) 때에도 말한다. 묵시록(19,5)에서는 하늘의 옥좌로부터 소리가 들려왔다. 그리고 꿈에서 베드로에게(사도 11,9), 다마스커스로 가는 길에서 바울로에게(사도 9,4) 음성이 들려왔다. 그것은 랍비 문학에서는 하느님 현존이 감지되지 않을 때에라도 들을 수 있는 "천상의 소리"로서 많은 곳에서 이야기되고 있다. 융은 테리 강좌 Terry Lectures에서 그것은 "꿈이나 그밖의 의식의 특별한 상태에서" 흔히 듣는 소리의 현상임을 보고하고 있다.[15]

구약성서에서는 상징으로서 눈보다도 귀가 더 중요시되고 있다. 상징으로서의 귀는 신체적인 귀가 아니므로 귀가 있어도 듣지 못하는 수가 있다 (예레 5,21; 이사 43,8). 그것은 하느님의 소리를 듣고 하느님의 말씀을 알아들을 수 있는 "내적인 귀"를 말한다.

인체에서 취한 그밖의 이미지로서 ① 코는 종종 분노를 상징한다(출애 15,8), ② 심장은 지성(잠언 14,33)과 의지(잠언 16,9), ③ 신장은 정서(잠언 23,16), ④ 장은 사랑과 공감(아가 5,4), ⑤ 간장은 생명의 중심(잠언 7,23), ⑥ 얼굴은 거룩한 현존과 인격(시편 11,7; 출애 33,14-15; 신명 5,4 이하), ⑦ 피는 생명의 원리 자체이고 거룩한 것과 인간적인 것 사이에서 일어날 수 있는 결속 내지 계

---

[15] *CW* XI, p.39.

약(레위 17.11; 신명 12.23)을 의미한다. ⑧ 좌우의 상징은 인간 프시케 속에 이원성 감각을 반영하여 오른쪽은 빛 또는 바람직한 측면을(욥기 40.1; 마태 25.33), 왼쪽은 어둠 또는 바람직하지 않은 측면(판관 3.15; 마태 25.33)을 나타낸다.[16]

동물의 상징: 동물의 상징이 인간 프시케 속에서 자연스럽게 취한 역할을 보기 위해서는 동화, 옛날 이야기, TV 만화 프로그램, 잡지의 광고, 프로 스포츠 팀의 이름, 자동차의 모델을 보기만 하면 된다. 근대에 와서 교회는 노아의 방주나 양떼를 인도하는 착한 목자와 같은 대표적인 형태만 남기고 동물의 이미지를 폐지하려는 경향이 있다.

동물 상징을 가볍게 보는 이유는 자기의 방자한 파괴적인 면을 포함한 자기의 본능적인 면을 상징하는 데 동물이 선천적으로 적합하다는 것이다. 그러나 동물의 상징이 본능의 건설적인 힘을 나타내는 것도 있다. 성서에는 두 가지 용법이 모두 있다. 황소, 늑대, 살모사, 전갈은 성적 방종과 탐욕과 인간 영혼에 잠재력을 가진 유해한 성질을 상징하는 데 이용된다. 묵시문학에는 초자연적인 짐승과 용이 초현실적인 크기로 묘사되고 있고 인간 — 동물이 아닌 — 이 할 수 있는 거대한 파괴를 묘사한 이미지로 사용된다. 그러나 비둘기, 새끼양, 개미의 이미지도 있는데 이것들은 정신성, 순결, 인간 영혼 속에 있을 수 있는 현명한 근면성을 나타내고 있다.

동물 상징의 가장 건설적인 잊혀지지 않는 회화 표현은 19세기 미국의 화가 에드워드 힉스Edward Hicks가 「평화로운 왕국」이라고 명명한 환상화의 광경에서 찾아볼 수 있다. 그 화면에는 늑대가 새끼양과 어울리고, 표범이 숫염소와 함께 뒹굴며, 새끼 사자와 송아지가 함께 풀을 뜯고 있다(이사 11.6 이하).[17]

---

[16] V. H. Kooy, "Symbol, Symbolism", *IDB*, Vol.R-Z, pp.472-6 참조.

[17] 힉스(Hicks)는 이 정경을 60점 이상 그렸다. 여기에 융이 "대극물의 결합"이라고 하는 것, 성서의 용어로는 화해라고 일컫는 것의 힘있는 상징을 발견한 것이다. 그들에게 동물은 인간사회에서 백인 개척자와 아메리카 원주민과의 화해의 상징적 표현이었다. 그의 그림에는 화면 모퉁이에 델러웨어 족과 화해하는 윌리암 펜(William Penn)이 그려져 그것을 표현하고 있다. 힉스는 동물을 자기 내부의 "대극물의 결합"의 상징으로도 생각하고 있었다. 어떤 설교 안에서는 동물을 4가지 "체액"으로 늑대는 탐욕, 표범은 다혈질, 곰은 점액질, 사자는

자연의 상징: 태양, 달, 별, 유성의 이미지는 "이교"와의 연상 때문에 성서에서는 거의 쓰이지 않는다. 이것들을 제외하면 성서도 다른 종교 전통과 마찬가지로 거룩한 것을 표현하기 위해 자연에서 취한 상징을 사용한다.

육지에서 취한 이미지 가운데는 광야를 생각할 수 있는데 구약성서와 신약성서에서 그것은 영혼이 그 자신은 순례중에 있다는 것을 아는 황무지를 상징한다. 이 순례는 시련의 때이고 또한 역설적으로는 새로운 내적 전망의 때이기도 하다. 산의 이미지는 하느님의 현현(출애 19-20장; 마태 5-7장), 영적인 변모(마르 9,1-8), 승천(사도 1,12. 6-11 참조), 영원한 성전 자리(이사 2,2; 에제 40,2; 묵시 21,10)의 상징이라고 생각된다. 바위와 돌은 시간의 침식작용에 견디는 것을 나타내는 유례없는 상징이다. 그 예로는 바위이신 하느님(시편 42,9), 바위 위에 세워진 집(마태 7,24), 바위인 베드로(마태 16,18), 십계가 기록된 두 장의 돌판(신명 4,13), 증거의 돌(창세 31,46), 바위이신 그리스도(1고린 10,4) 등이 있다. "돌에는 불확실성이 없다. … 몇 천년이 지나도 항상 변치 않는다. 그것에 비해 나는 한갓 지나가는 현상 … 빨리 타오르다 곧 사라지는 불꽃 같다"고 융은 말하고 있다.[18]

"4대 요소"와 "바다"에서 취한 이미지를 옮겨보면 바람은 거룩한 것의 강력함을 나타내지만 눈에는 보이지 않는 운동을 표현하는 자연의 이미지이다(창세 1,2; 요한 3,8; 사도 2,2). 이것은 바람이라는 말의 히브리어(Ruach)나 그리스어(Pneuma) 모두 "성령"을 나타낸다는 사실에서도 알 수 있다. 폭풍의 이미지는 하느님의 손(시편 83,15; 나훔 1,3)이나 하느님의 예언자의 손(에제 38,9), 또는 악인의 손(이사 25,4)에 의해서 경험될 수 있는 강력한 어둠을 상징하기 위해서 사용된다. 천둥과 번개는 하느님의 계시(출애 19,16; 마태 24,27; 묵시 8,5)를 종종 상징한다. 가장 넓게 사용되는 상징은 물, 바다, 심연으로 그것들

담즙질과 비교하고 이렇게 끝맺고 있다: "우울질자는 격려를 받고, 다혈질자의 마음이 진정하도록, 점액질자는 침착하게, 담즙질자는 겸허하게 되도록 자신은 부정되고 그리스도의 십자가가 매일의 의복으로 걸칠 수 있도록, 그리스도의 평화의 왕국이 이성적인 불사의 영혼 안에 영원히 이룩되도록." *Time* (May 19, 1975), pp.62-3 참조.

[18] *MDR*, p.42.

은 ① 하느님께서 책망하시어 궁지에 바짝 몰아넣는 원초적인 힘(이사 51,10; 출애 14,21; 시편 104, 6-7; 마르 4,39)과 ② 모든 존재의 무질서한 모태(창세 1장)와 생명이 사라질 수도 있는 신비한 깊이(요나 1장; 마태 14,30; 마르 5,13) 그리고 ③ 영적인 재생을 위한 자궁의 물(요한 3,5)과 영혼의 갈증을 영원히 푸는 "샘솟는 물"(요한 4,10-14), ④ 현대의 꿈과 예술 분석에서의 "심연이 심연을 부르는"(시편 42,7) 무의식의 깊이 등을 상징한다.

농업에서는 ① 정신세계나 물질세계에도 작용하는 생식력을 상징하는 씨앗(마르 4,31; 루가 8,5 이하; 갈라 3,29), ② 하느님 자신의 시간 안에서 가장 적당한 노력에 대해서 놀랄만한 결실로 응답하는 자연과정을 상징하는 수확(마르 4,26-29), ③ 거룩한 것에 뿌리를 둔 신체적 및 정신적 성장을 상징하는 나무(시편 1,3; 잠언 11,30)가 있다. 그리스도교의 전통 안에서 나무가 십자가와 동일시되었어도(1베드 2,24) 여전히 나무의 이러한 의미는 유효하다.

일상생활에서의 사회문화적 상징: 성서에 상징적으로 사용되고 있는 가정·사회·경제·정치적 이미지는 아주 많아서 그 가운데 그저 몇 개만 들 수밖에 없다. 우선 가정의 이미지가 있다. 예를 들면 집은 인간 자신의 상징으로서 넓게 사용된다(마태 7,24 이하). 문은 시도해 보기만을 요하는 들어가기 쉬운 길을 상징하고(묵시 3,8.20), 열쇠는 문제의 해결 또는 하느님의 뜻을 실행하는 명백한 상징이다(마태 16,19; 묵시 1,18). 부엌의 상징도 있다. 소금(마태 5,13)은 그 사람 자신의 가치를 상징하고 빵과 포도주는 피와 몸을 위한 진정한 영양을 상징하고, 잔은 사람의 운명을 상징한다(루가 22,14-22). 식탁은 거룩한 것과 세속적인 것(마르 2,15; 마태 22,10), 청결한 것과 불결한 것(마태 14,21), 북쪽에서 오는 것과 남쪽에서 오는 것, 동쪽에서 오는 것과 서쪽에서 오는 것(루가 13,29)이 합치는 대극물의 최종적 결합을 암시한다.

상업과 직업 분야에서는 "탐색자"로서의 어부와 하느님의 말씀에 의해서 "잡힐" 수도 있는 사람들로서 고기(마르 2,16 이하), 성직자로서의 목자와 성직자의 보호하에 있는 사람들로서의 양(루가 12,32; 요한 10,11; 에제 34,11-31)이 있다. 의사는 전에는 사람의 신체적 성질을 치유하는 사람이었으나 지금은 영혼을 치료하는 사람이다(마르 2.17; 예레 8.22). 또한 하느님이 심어놓은 사람들로서의 포도밭(이사 5.1-7; 예레 12.10)과 거룩한 것과 인간적인 것과의 유기적 일체성의 상징으로서의 포도나무(요한 15.1-11)가 있다.

가족에서 취한 이미지 가운데서 각별히 사용되는 것은 아버지로서의 하느님의 이미지로, 인간과 사물 전체가 하느님으로부터 생겨난 것을 상징하고 있다(1고린 8.6; 이사 64.8; 말라 2.10; 에페 4.6). 그리고 어머니(마르 3.34 이하), 자매(로마 16.1.15; 1고린 7.15), 형제(로마 16.14; 야고 1.2)를 상징적으로 사용한 예도 있다. 결혼식 또는 결혼 이미지도 꿈, 예술, 세계 문학과 공통해서 대극물의 결합, 분열된 부분에서의 새로운 단위의 창조의 상징으로서 사용되고 있는 예가 있다(마태 22.1-4; 루가 14.16-24; 묵시 19.7).

그밖에는 영적 생활을 체육경기에 비유한 경주의 상징(2디모 4.7; 히브 12.1), 영적 전쟁을 위한 영적 무장에 대해서 말하는 군대의 상징(1데살 5.8), 죄와 정욕의 노예(로마 6.6; 디도 3.3), 그러한 예속에서의 배상금(로마 8.23)이라고 하는 노예제도에서의 상징, 하느님을 왕으로 하는 왕국, "하늘나라"(필립 3.20), 영적으로 시민권이 부여된 시민의 공동체(교회; 1데살 1.1)라고 하는 정치영역에서의 상징이 있다. 나라 이름도 상징적으로 사용되고 지리적인 실체를 가리키는 것이 아니라 "굴종"(이집트; 호세 11.5) 또는 "사악"(바빌론=로마; 묵시 17.5; 18.10)을 상징하는 영적 실체를 가리킨다. 경제와 상업 분야에서는 "타고난 재능 talents"의 영적 투자(영어의 대표적 은유로 인정받고 있는 성서의 이미지; 마태 25.14-30), 그러한 투자에 따른 "이자"(필립 4.17), 삶을 특징짓는 영적 풍부함(예를 들면 1디모 6.18)과 빈곤(루가 12.21) 등에 대해 들고 있다. 마지막으로 종교-의식 영역에서는 대사제(히브 10.2)가 하늘 성전(히브 8.5)에서 영원한 희생을 바쳤다든가(히브 9.14), 하느님의 성전으로서의 영혼(1고린 3.16) 등을 이야기하고 있다.

개인의 상징: 그리스도교의 특징 하나는 성서의 인물이 중심적 역할을 하고 있다는 것이다. 성서에 등장하는 과거의 사람들이 현재를 대표하는 인

물이 된다. 아담은 무언가 좀더 나은 것을 위해 창조되었는데 잘못을 면치 못한 인간성의 이미지가 되었다. 아브라함은 프로메테우스적인 대담한 신앙을 상기시킨다. 솔로몬은 지혜를, 룻은 가족에 대한 충성, 도르카스는 연민과 아낌없이 주는 마음을 생각하게 한다. 베드로는 우리 역시 자신도 모르게 "바위"가 되라고 불리었다는 것을 우리에게 상기시킨다. 유다는 우리의 가장 어두운 면을 비추는 거울이다. 마리아 막달레나는 우리에게 구원된 영혼에 대해 말한다. 세례자 요한은 "광야에서 외치는 소리"가 되라고 우리에게 도전하고 있다. 바울로는 하느님에 의해서 "전향"되어 하느님께 봉사하는 자의 명부에 기재된 인물을 보여준다. 마리아와 마르타, 카인과 아벨, 마리아와 요셉, 야곱과 에사오, 들자면 한이 없는데 삶의 경험 전체를 반영할 만한 인간상의 일람표가 될 것이다.

초자연의 상징: 상징 분류의 마지막은 거룩한 것(numinous) 자체를 명명하고자 하는 이미지이다. "하느님", "사탄", "천국", "지옥", "천사"와 "암흑의 권세와 같은 상징이 있다. "일찍이 하느님을 본 사람은 없다"(요한 1.18)는[19] 사실은 신성한 것을 말하기 위해 종교적 경험에서 계시된 거룩한 것의 특질을 상징할 수 있는 신성한 명칭을 폭넓게 만들어내는 용기를 성서의 저자에게서 빼앗지는 않는다. 이러한 거룩한 명칭과 거룩한 것의 상징으로는 다음과 같은 것이 있다. ① 아버지(마태 6.9), 하늘과 땅의 주인(창세 14.19), 생명의 샘(시편 36.9), 살아 계신 하느님(호세 1.10) 등은 거룩한 것의 능력과 보호를 상징한다. ② 거룩하신 분(이사 6.3), 지극히 높으신 하느님(창세 14.18), 지고하신 분 등은 거룩한 것의 "타자성"과 "초월성"을 상징한다. ③ 산의 신, 전능의 신(출애 6.3)은 하느님의 위력을 표현한다. ④ 영원하신 하느님(창세 21.33), 바위(이사 30.29), 예전부터 항상 계신 분(다니 7.9), 시작이요 마침이신

---

[19] "아무도 하느님을 본 일이 없다"라는 원칙에서 예외의 하나는 출애 33,20-23이다. 하느님이 모세 앞을 지나갈 때, 짧은 동안이지만 그는 하느님의 "등"을 보는 것이 허용된다. 창세 16,13; 32,30; 출애 24,10도 참조.

분(이사 44.6)은 거룩한 것의 영원성과 무시간성을 상징한다. ⑤ 심판자(창세 18.25)는 하느님 정의의 표현이다. ⑥ 왕(시편 24편)은 하느님 지배권의 상징이다. ⑦ 너희 선조들의 하느님(출애 3.15), 아브라함, 이사악, 야곱의 하느님(출애 3.15), 야곱의 전능하신 하느님(창세 49.24), 구속자(이사 41.14), 구원자(시편 62.6), 우리 주 예수 그리스도의 아버지 하느님(에페 1.3), 이들은 하느님이 당신 뜻을 집행하기 위해 특정한 민족의 운명과 임무를 이용하고 역사를 사용하고자 하는 감각의 상징이다. 거룩한 명칭 전체 가운데서 가장 중요한 것은 ⑧ 야훼 또 에호바라고 음역되어 있는 — 현대 영어에서는 Lord(주님)로 번역되어 있다 — 명칭이다. 이 명칭은 성서의 어떤 하느님 칭호보다 낫고 거룩한 것의 본성과 실체를 붙잡을 수 있는 이름은 없고 신학적인 문구는 모두 어느 정도는 "부질없는 말"(욥기 38.2)이고 "영문도 모르면서" 지껄였다고 하는 성서의 근본적인 가정을 분명히 보여주고 있다. 히브리어에서는 네 개의 문자로 표현된 야훼YHWH라는 이름을 초기 유대교에서는 입밖에 내지 못하였다. 이것은 하느님의 이름을 헛되게 다룰 위험을 피하기 위해서만이 아니라 신성의 본질은 말할 수 없는 "신성한" 것이며 인간의 언어와 이해를 초월한다는 것을 형식적으로 상징하는 행위이기도 했다.

사탄과 데몬의 이미지는 구약성서에는 비교적 적다. 히브리어로 사탄, 그리스어로 디아볼로스(악마) — 모두 "방해자"를 의미한다 — 라고 일컫는 자의 경험을 표현하기 위한 이미지가 많이 나타나게 된 것은 기원전 300년 이후의 일이다. 이 실체를 상징하는 그밖의 명칭에는 "악한 자"(마태 13.19), "유혹자"(마태 4.3), "기소인"(1베드 5.8) 또는 "고소인"(묵시 12.10), "적"(마태 13.39), "마귀두목"(마태 9.34), "세상의 통치자"(요한 12.31), "허공을 다스리는 두목"(에페 2.2), "거짓말쟁이"이고 "거짓말의 아비"(요한 8.44), "큰 용", "늙은 뱀"(묵시 12.9) 등이 있다. 때때로 고유명사인 벨리아르(Beliar 또는 Belial = "가치없는": 2고린 6.15)와 베엘제불("파리의 주" 또는 "똥의 주": 마태 10.25)이 사용되는 경우도 있다. 사탄의 신화적 기원에 대해서는 문헌이 일치하지 않지만 — "하느님의 아들들"의 반항의 주모자였는지 아니면 반항의 천사 루치펠이었는지(에녹 54.6: 슬라브어 에녹 39.4:

2고린 11,14; 욥기 1,6-12; 이사 14,12) — 불화, 기만, 폭력, 도덕적 무지, 어둠, 더 나아가서는 질병과 죽음까지도 만들어낸 자라는 확인을 분명히 하고 있다.

누구든 이러한 이미지를 정성껏 만들고 이러한 광대한 악의 상징체계를 전개한 것은 어째서일까? "'사탄'이나 '악마'라는 말을 사용하는 것을 어떻게 생각하는가?"라는 물음을 받고 어떤 보스턴의 정신과 의사가 대답한 다음과 같은 말에 그 실마리가 있는 것 같다. "정신과 병동에서의 경험에 의하면 하느님의 실재보다는 악마의 실재 쪽을 믿고 싶은 마음이 종종 있다." 어두운 거룩한 힘이 빛을 가릴 때, 정상적 인간이 자기 양심의 눈을 어둡게 하여 마음을 마비시키는 극악무도한 행동을 할 때에 이러한 경험에서 묵시문학이 생긴다. 이러한 때는 "천국"과 "지옥", "빛의 천사" 대 "암흑의 신", 머리가 여러 개 있는 괴수, 아마겟돈* 등의 상징이 마치 삶이 이루 다할 수 없는 은총으로 충만될 때 하느님의 헤아릴 수 없는 선하심을 찬양하는 시가 입에서 나오는 것과 같이 쉽게 무의식에서 터져나온다.

성서의 저자가 보고 있는 세계는 초자연적이다. 그리스어 기원의 같은 뜻의 말을 사용하면 형이상학적이다. 색, 숫자, 동물, 나무, 농민이나 상인의 세계도 우리 마음에 강하게 작용하지만 그것만이 전부는 아니다. 성서의 관점에서 "실재 세계"란 이러한 것들을 통해 자신을 드러내는 세계이다. 이 세계에서 근본적으로 실재하는 것은 "선한 사람"과 "악한 사람", "생명을 주는 사람"과 "생명을 빼앗는 자", "정직한 사람"과 "정직하지 않은 사람", "빛"과 "어둠", "구원하는 사람"과 "파괴하는 사람", "거룩한 사람"과 "거룩하지 못한 사람", "신적인 사람"과 "악마적인 사람"이다. 이것들은 손쉽게 눈에 띄지 않고 종래의 언어로는 도움이 되지 않기 때문이라고 해서 이러한 실체에 대해 침묵하는 것은 변명이 되지 않는다. 성서의 저자들은 언어의 한계를 이용해서 이미지와 상징의 도움을 받아 그들이 보고들은 것을 보지 못한 눈, 듣지 못한 귀, 또는 생각하지 못한 마음에 알린다.

---

* Armageddon: 악령이 전세계의 왕들을 여기에 몰아서 선과의 최종적인 결전이 행해진다는 곳(묵시 16,16). 성서에서는 지명인데, 그와 같은 종말적 싸움의 의미로도 쓰인다.

성서, 영혼, 상징생활

자서전 가운데서 융은 소위 "상징생활"이라는 것을 제창하고 있다.

> 인생의 의문에 대해서 부적당하거나 잘못된 대답을 해서 신경증이 생긴 사람들을 나는 종종 보았다. 그들은 지위, 결혼, 세평, 외적 성공이나 금전을 찾고, 찾고 있던 것을 손에 넣어도 행복하지 않고 신경증은 그대로 있었다. 이러한 사람들은 대부분 정신적 시야가 너무 좁았다. 그들의 삶에는 충분한 내용과 충분한 의미가 없었다.
>
> … 신자에게는 "상징적 생활"을 살 기회가 교회에서 제공된다. 미사, 세례, 그리스도의 모방 imitatio Christi 체험, 그밖의 종교의 여러 면을 생각하면 된다. 그러나 상징을 살고 체험하기 위해서는 신자 쪽의 활발한 참여가 전제 조건이다. 오늘날의 사람들에게는 이러한 참여가 너무나 부족하다.[20]

"상징적 생활"을 권하는 몇 가지 이유가 있는데 첫째로 상징이 없으면 종래의 감각으로는 듣고, 말하고, 보는 것을 거부하게 되는 실체를 우리가 보고, 듣고, 말할 수도 없기 때문이다. 적절한 단어, 적절한 이미지가 없으면 어떤 실체는 "우리에게 폐쇄된"[21] 채 있다. 우리 경험의 일정한 요소는 그것을 상기시키는 이미지가 없으면 잊혀지게 된다. 상징이 없으면 괴테의 말에 의하면 "현상을 관념으로, 관념을 이미지로" 바꿀 도구가 없다. "상징 안에서"만 "관념은 한없이 유효한 것"이다.[22]

둘째로 "상징적 생활"에는 도덕적 요소가 있다. 상징이 없으면 자기 자신의 존재와 문화가 지닌 진리의 일부를 우리는 간과하기 쉽다. 합리적인 논의가 막히고 논리가 무의미하게 되었을 때 이야기, 비유, 암시, 이미지가 빛을 던져서 우리의 행위와 동기를 비추어 있어야 할 우리와 현재 있는

---

[20] *MDR*, p.140. [21] B. Herndon, op. cit., p.366.
[22] Jacobi, *Complex, Archetype, Symbol*, p.78에서 인용.

우리를 분명히 볼 수 있는 가능성을 열어준다.

셋째로 우리에게는 자신의 힘에 자극을 주기 위해서는 상징이 필요하다. 우리는 적당한 때에 적당한 말을 듣는 경우가 많다. 어떤 독일인이 어리석은 전쟁이 끝난 다음 살아갈 방향을 잃고 있었을 때 그의 혼란한 마음을 떨쳐버리게 한 것은 요한 복음서의 "저 밭들을 보아라. 곡식이 이미 다 익어서 추수하게 되었다"(요한 4.35)고 하는 이미지였다. 희망이 없고 길이 없다고 느낄 때 크고 강력한 상징이 나타나서 우리 에너지에 자극을 주고 힘을 불어넣어 주어 우리는 "독수리같이" 새롭게 된다.

성서 및 종교적 전통 일반은 이러한 상징의 저장고이다. 로마 가톨릭 교회는 "서유럽이 지금까지 경험한 최대의 … 상징의 객관화"[23]를 행하고 영혼의 모든 단계를 표현하는 거대한 수의 어휘의 일람표를 작성했다고 융은 말하고 있다. 성서도 똑같은 일을 하고 있지만 프로테스탄트의 전통은 이 사실을 충분히 의식하고 있지 않다.

성서의 상징 언어는 여러 가지로 변할 수 있는 의미와 자연적인 시력이 미치는 범위를 넘는 깊이를 갖고 있다. 겉보기에는 눈에 익고 산문적인 이미지가 빛을 받으면 더 깊은 진리를 드러낸다. 이미 알고 있는 것에서 시작해서 알지 못한 것을 생각하도록 성서의 이미지는 촉구한다. 시금석으로서 친숙한 것을 사용해서 읽은 사람을 친숙하지 않은 것의 고찰로 인도한다. 의식적인 마음이 알고 있는 사실과 확실성을 실마리로 해서 영혼이 직관할 수 있는 가능성을 표시한다. 인류의 악을 고치지도 않고 선을 과대평가하는 일도 없고 선악을 모두 부분으로 포함한 보다 넓은 이야기에 주의를 유도한다. 성서의 언어를 논할 때의 대상은 의미의 경제를 지향한 뜻이 명확한 "기호"가 아니라 의미의 향기를 감돌게 하는 다가적polyvalent 이미지를 취급한다. 낙타와 파리떼, 물고기와 뱀, 비둘기와 닭, 바위와 산, 무지개와 구름, 불과 번개, 형제 자매, 베델과 바빌론, 부자와 가난한 사람, 빵

---

[23] Schaer, *Religion and the Cure of Souls in Jung's Psychology*, p.161에서 인용.

과 포도주는 성서의 어휘 중 주요한 것이다. 그러나 이것들이 의미하는 내용에 대해 독자가 아는 것은 이것들이 언급하고 있는 실체를 적극적으로 생각하고자 할 때뿐이다. 특히 그리스도교의 전통에 관해서 오직 성서의 전통 전체에 적용할 수 있는 방법으로 융은 이렇게 쓰고 있다. 전통적 상징은 "앞으로 더 전개될 씨앗을 가지고 있는 살아 있는 것이다. 그리고 계속 발전해 갈 수 있다. 상징의 전제에 관해서 또 한 번 그리고 더욱 철저하게 숙고할 것인지 여부는 우리에게 달려 있는 힘을 가지고 있다".[24]

---

[24] *CW* X, p.279.

제5장

성서의 원형과 자기自己의 이야기

> 근원적인 이미지를 사용해서 말하는 사람은 수많은 목소리로 말한다. 듣는 사람을 매료하고 압도하며 동시에 표현하고자 하는 이념을 우연적이고 일시적인 것에서 영속하는 것의 영역으로 들어높인다. 그는 우리의 개인적인 운명을 인류의 운명으로 바꾸어 그 덕분에 인류가 모든 위험에서 피난처를 발견하고 아무리 긴 밤도 견딜 수 있었던 그 유익한 힘을 우리 안에 불러일으킨다.
> — 「분석적 심리학과 문학 작품과의 제관계」[1]

옛날 페르시아의 늙은 왕이 죽자 아직 어린 왕자가 왕위를 계승하게 되었다. 궁중회의를 소집해서 한 사람 한 사람에게 어떻게 새로운 왕을 섬길 계획이냐고 왕자가 물었다.

"저는 폐하의 고문관입니다" 하고 첫째 사람이 아뢰었다.

"저는 폐하의 장군입니다" 하고 둘째 사람이 아뢰었다.

"저는 폐하의 시종입니다" 하고 셋째 사람이 아뢰었다.

"저는 폐하의 집사입니다" 하고 넷째 사람이 아뢰고 연이어서 사냥꾼, 종복, 파수꾼으로 이어졌다.

마지막으로 노인 혼자 서 있는데 아무것도 아뢰지 않았다.

"당신은 누구인가?" 하고 왕이 물었다.

"저는 폐하의 이야기꾼입니다" 하고 그 사람은 대답했다.

"이야기꾼이라!" 어린 왕은 말했다. "짐을 어린애로 생각하는가? 이야기

---

[1] *CW* XV, p.82.

꾼은 필요없다!"며 왕이 그 노인을 데리고 나가라고 명령하려고 하는데 노인은 이야기를 시작했다.

"폐하께서 지금 저에게 말씀하신 것은 다즐림 왕이 현자 비드파이에게 말한 것과 똑같습니다. 왕은 비드파이의 우화를 듣고 지하감옥에 처넣었습니다. 그러나 왕은 그 우화 속의 맹인과 똑같이 자신이 행동하고 있음을 깨닫고 곧 비드파이를 다시 불렀습니다." 그 말에 어린 왕은 "어떤 우화인가?" 하고 말했다.

노인은 절을 하고 이야기를 시작했다.

본 장章의 목적은 어떤 종류의 이야기가 프시케에 큰 힘을 행사하고 강한 자연발생적인 반응을 일으키는 것은 어째서인지를 묻는 것이다. 대답의 하나는 융의 "원형론"에서 찾게 된다. 융의 설에 의하면 우리 한 사람 한 사람의 내부에 의미와 목적의 구조가 있어서 상기되고 표현될 때를 기다리고 있는 그 내용은 우리가 무엇이며 또 무엇이 되고자 하는지와 관련이 있다는 것이다. 이러한 원형과 상통하는 이야기를 가지고 있는 사람이 있다고 하면 그 이야기에는 의식의 예상을 허용하지 않는 방법으로 마음에 자극을 주어 의지를 활발하게 하고 애정의 불을 붙이는 힘이 있음을 깨달을 것이다. 융의 원형론을 고찰하고 그것이 성서의 "오래된 이야기"가 지금도 프시케 속에서 발휘하는 힘에 어떤 빛을 던져주는지를 살펴보자.

원형이란 무엇인가?

조셉 캠벨Joseph Campbell은 융의 짧은 일대기에서 다음과 같이 쓰고 있다.

> 융은 점점 심연을 조장하는 이미지 속으로 고독하고(그가 예상한 대로) 위험하게 추락하고 있었지만, 1909년에 이미 신화 연구를 통해서 벌써부터 알고 있었던 것들을 보여주는 꿈속의 환상들의 모습들 중에는 일정한 판에

밖힌 모습으로 재현되는 것이 있다는 것에 깊은 인상을 받았다. "이미지 하나 하나를, 나의 프시케의 재고품 목록의 각 항목을 이해하고 과학적으로 분류하고자 … 나는 세심한 주의를 기울였다"고 그는 말하고 있다. 이렇게 해서 결국 모든 시대에 인류 전체의 꿈과 신화 속에서 끊임없이 변해 가는 상황에 대처하기 위해 다른 대결 방식으로 다른 의상을 입고 주어진 역할을 다하고 있는 필연적인 등장 인물 일동을 그는 발견한 것이다.[2]

이러한 자연발생적 이미지는 정신장애가 있는 사람의 망상체계 속에서만이 아니라 보통사람들의 꿈에도 나타난다는 사실에 융은 주목했다. 이러한 이미지의 존재를 "그 개인생활 속의 무엇인가에 의해서는" 설명할 수가 없었다. 오히려 이것들은 "인간의 마음이 가지고 있는 원초적이고 생득적으로 유전된 형상"[3]인 것처럼 생각되었다. 융은 어느 교수의 사건을 이야기하고 있다. 그는 어느 날 공황상태에서 융을 찾아와 스스로 자신이 제정신인지를 의심하게 하는 이해할 수 없는 환시가 일어났다고 말했다. "나는 서가에서 400년 된 오랜 책을 꺼내서 그에게 오랜 목판화를 보여주었다. 거기에는 바로 그가 본 대로의 것이 그려져 있었다"[4]고 융은 말하고 있다. 이러한 경우 "아무리 면밀히 조사를 해도 나의 환자들이 그와 같은 책을 알고 있었다든가 그와 같은 관념에 대해서 그밖의 어떤 정보를 가지고 있었을 가능성은 분명히 없었다. 그들의 무의식적 마음이 최근 2000년간 때때로 모습을 나타낸 동일한 사상의 노선을 따라서 그 이미지를 만들어낸 것 같다"[5]고 그는 말하고 있다.

---

[2] Campbell, op. cit., pp.xxx-xxxi. 이러한 고정된 이미지에 주목한 것은 융이 처음은 아니지만 주요한 관심사로 이것을 연구한 것은 융이 시작이다. *M&S*, pp.67 이하 참조.

[3] *M&S*, p.67.

[4] 같은 책, p.69. 다른 유형의 예는 융의 박사논문 *The Psychology and Pathology of the So-Called Occult Phenomena*에서 논한 젊은 여성이다. 황홀(trance)상태에서 그 여자가 말한 우주의 환영은 2세기 그리스도교 영지주의자가 말한 우주창조설과 아주 닮았다. *CW* I, pp.39-42 참조.

[5] *CW* XI, p.103.

원 형

남성과 여성, 태양과 달이 하늘에서 내려오는 비둘기-성령에 매개되어 일체화한다는 원형적 주제. 16세기 연금술서에 그려져 있다.

대천사 미카엘이 사탄을 진압한다. 영국의 새로운 코번트리 대성당 정면에 서 있는 Jacob Epstein의 청동상. 선과 악, 외부와 내부의 근원적 투쟁을 재현하는 주제를 표현하고 있다.

여행과 탐색으로서의 인생이라는 원형적인 주제가 미로의 이미지로 잡혀 있다. 상은 19세기 경마장형의 이미지, 하는 샤르트르 대성당 바닥에 그려진 타일형의 미로. 성지의 상징적 순례로서 신자가 이 위를 종종 걸었다.

Edward Hicks가 그린 이사야서 11장 6-19절의 평화로운 왕국의 그림에 나타난 원형적 주제인 "대극물의 결합". 1682년 William Penn의 델러웨어 인디언과의 조약 체결에 의한 인디언과 백인과의 화해(좌)와 "인류와 야생동물과의 화해"가 그려져 있다. 힉스는 이것을 우의적으로 자기의 다혈질, 담즙질, 점액질, 우울질이라는 네 가지 면의 조화를 의미한다고 생각했다.

"죽음과 재생"이라는 원형적 주제를 세 장면으로 그린 15세기의 목판화. 왼쪽에서부터 우물에 감금되는 요셉, 무덤에 매장되는 그리스도, 고래에게 던져지는 요나.

융은 다음과 같이 쓰고 있다.

> (나의 환자의 꿈에서뿐만 아니라 정신분열증 환자의 공상에서도) 자주 낡은 연상형식이 이용되는데, 그것을 통하여 나는 본래가 잃어버린 의식적인 내용들로만 이루어져 있지 않고 일반적으로 인간의 환상을 대표하는 신화적 주제이면서도 동일한 보편적 성격을 띠는 보다 깊은 층을 가지고 있는 무의식을 처음으로 알게 되었다. 이와 같은 주제는 발명되었다기보다 발견된 것이다. 전통과는 관계없이 세상의 신화, 동화, 공상, 꿈, 환시, 정신병자의 망상체계에 자연발생적으로 나타나는 대표적인 형식이 이들의 주제이다. 좀더 자세히 조사해보면 이들은 인류독자의 본능적 행동을 구성한다고 생각해야 할 전형적인 자세, 행동방식, 사고과정, 충동 등이라는 사실이 입증된다. 따라서 이러한 것을 표현하기 위해 내가 선택한 "원형"이라는 말은 생물학의 "행동양식"이라는 개념과 일치한다. 이것은 타고난 관념의 문제가 아니라 모든 생물에서 관찰되는 타고난 본능적 충동과 형식인 것이다.[6]

"원형"이라는 말의 기원: 융은 "원형"이라는 말을 1919년에 도입했으나 동시에 다른 표현이나 용어도, 예를 들면 "근원적 이미지", "프시케 구조의 우성인자", "본능이 채용한 형식", "전형적 지각형식", "타고난 표현의 가능성", "양식화하는 힘", "행동준비체계", "무의식의 내적 질서" 등과 같은 표현이나 용어들도 시험적으로 사용하고 있었다.[7]

결국 융이 원형이라는 용어로 정한 것은 그것이 적절한 의미("본원적 모형")를 지니고 있고 그 말이 오래되었기 때문이다. 2세기 이집트의 영지주의자가 다른 모든 빛을 이끌어낸 "원형적인 빛"에 대해서 말하고 있는 것이 가장 오랜 용례의 하나라고 융은 지적하고 있다. 리옹의 주교 이레네우스Irenaeus는 하느님은 우주 창조 때에 "원형", 즉 모형을 사용했다고 주창했다.

---

[6] *CW* III, pp.261-2.   [7] *Jacobi*, pp.39-41; Campbell, op. cit., p.xiii을 보라.

5세기 신플라톤파의 그리스도교 신자인 디오니시우스 아레오파기타는 원형이라는 말을 사용하면서 인장(모형)과 그것을 찍은 것(사본)과 구별했다. 그러나 최종적으로 융을 납득시킨 것은 아우구스티누스에 의한 이 말의 설명이다. 400년경에 아우구스티누스는 라틴어로 "원형"ideae principales을 "그것들 자체는 사멸하지 않으나 생성하고 사멸하는 만물이 그들의 유형에 따라서 형성되는 일정한 형식"이라고 정의했다.[8]

원형의 특징: "원형"을 정의할 때 융이 강조하는 몇 가지 점이 있다. 첫째로 그는 "원형"과 "원형적 이미지"를 구별했다. "원형적 이미지"란 어떤 원형의 특수 표현을 말한다. 즉, "영웅", "노현자", "황금시대" 등의 특정한 문화적 또는 개인적 해석이다. 다시 말하면 "구체화된 원형"이다.

원형 자체는 이미지가 아니다. 원형이란 인류의 내부에 있는 그와 같은 이미지를 만들어내는 구조적 경향이다. 융은 원형을 현상해야 할 사진의 음화에 비유하고 있다. 다시 말하면 근원적 또는 잠재적인 이미지로서 "그 내용은 의식되고 따라서 의식적인 경험의 소재로 채워질 때 비로소 정해지는 것"이다.[9]

둘째로 융은 원형을 인류가 가지고 있는 고유하고 보편적인 것으로 생각했다. 원형은 뿌리깊은 경향으로서 "골수"에 스며들어 있다. 동물의 본능처럼 환경에 적응하기 위해 몇 세기에 걸쳐 수없이 되풀이된 종種의 경험 결과 발달해온 영혼에 날인된 도장이라고 설명한 경우도 있다.[10] 다시 말해 원형이란 "타고난 심리적 기능의 방식"이다.[11]

"원형이 나타나는 특정한 형상"은 융의 설명에 의하면,

---

[8] "Liber de diversis quaestionibus", XLVI에서 *Jacobi*, pp.39-40 참조.

[9] Calvin S. Hall and Vernon J. Nordby, *A Primer of Jungian Psychology* (New York: New American Library, 1973), p.42에서 인용. 인용대목은 *CW* IX.1, p.79.

[10] Philipson, op. cit., p.58.   [11] *Jacobi*, p.41에서 인용.

얼마간 개인적이지만 전반적인 유형은 집단적이다. 원형은 도처에서 항상 발견된다. 마치 동물의 본능이 종에 따라서 상당히 다르지만 역시 같은 전체적 목적에 맞는 것과 같다. 기회가 생겼을 때 원형은 우리 전체 안에서 다소간에 같은 기능을 한다.[12]

융은 신생아의 프시케를 백지로 보는 것은 잘못된 것으로 생각한다.[13] 젖을 빨고, 호흡하고, 배설하고, 큰 소리로 울부짖는 법을 알고 세상에 태어나는 것처럼 인간이 존재하는 곳에는 반드시 잘 알고 있는 "원형적인" 노선에 따라서 행동하는 삶에 대한 반응장치가 처음부터 갖추어져 있는 것이다.

셋째로 원형은 자연발생적으로 여러 가지 형태로 나타난다. 원형이 일어나게 하는 이미지는 합리적 사고나 결정의 산물이 아니다. 그것들은 예를 들면 어떤 그림을 그리고, 어떤 소설을 쓰고, 어떤 시를 짓고, 어떤 색을 선택하고, 어떤 직업을 추구하고, 어떤 집을 짓고, 어떤 이야기를 하고, 어떤 꿈을 꾸는 등 비합리적 충동으로 의식에 나타난다.

원형이 자신을 나타내는 형태는 여러 가지다. 전세계의 영웅신화의 제전에 대한 해석을 하면서 융은 설화나 이야기는 영웅 원형을 표현하는 하나의 형태일 뿐이라고 주석을 달았다. 여기에는 다른 형태들, 즉 예배, 춤, 음악, 찬송, 기도, 제물 등이 또한 사용될 수 있다.[14] 원형은 "생물학적이든 심리 생물학적, 또는 정신 작용적 현현 등, 삶의 모든 전형적이며 대체로 인간적인 현현 전체"로서 묘사될 수 있다.[15]

원형의 가치

융에 의하면 원형은 "끊임없이 삶을 지속시키는 상황을 이해하거나 심적으로 파악할 수 있는 특성"을 갖게 한다. 즉, "순간의 상황에도 의미와 목적

---

[12] *M&S*, p.75. [13] Jacobi, *Complex, Archetype, Symbol*, pp.45 이하.
[14] *M&S*, p.79. [15] *Jacobi*, p.40.

을 감지하는 상황 파악"을 가능하게 한다.[16] 원형은 우리로 하여금 앞으로 나아갈 수 있게 한다. 생활상태가 여의치 않게 되었을 때나 사태가 곤란하거나 무의미해지고 또는 진전이 없을 때, 프시케의 원형적 구조는 닥쳐올 위험이나 전에는 생각하지 못했지만 곧 있을 기회를 인지하도록 우리의 의식을 압박한다.

융에 의하면 의식은 그 본성으로 보아서 "비교적 소수의 내용에 집중해서 그것들을 더할 나위 없이 분명하게" 하는 데 이바지한다. 때문에 "그 필연적 결과로서 그리고 필요조건으로서 그밖의 잠재적으로 가능한 의식 내용은 배제시킨다. 또 거기에서 필연적으로 의식 내용은 어느 정도 일방적이 되고", 따라서 인간은 "자신의 존재 법칙과 뿌리에서 점점 멀어지게" 된다.[17]

원형은 의식에 대해서 보상적이다. 머리가 모르는 것을 "내장"이 아는 경우가 흔히 있다. 개인 또는 문화 전체가 길을 잃거나 또는 진리나 의견에 귀를 기울이지 않을 때 지하에서 혁명이 일어난다. 원형은 이미지와 신호로 의식을 몰아세운다. 즉, 꿈속이나 양심 안에, 그 중심에 억압된 원형을 가지고 있는 콤플렉스를 형성함으로써 원형은 침묵하지 않을 것이다.

원형은 우리가 쉬는 것을 허용하지 않는다. 의식의 좁은 실용적인 관심을 넘어서 관념으로, 꿈으로, 삶의 의미와 방향을 제공하는 신념을 향해 끊임없이 전진을 촉구한다. "자신의 존재에는 보다 넓은 의미가 있다는 감각이야말로 단순히 획득하고 소비하는 생활을 넘어서 인간을 들어올리는 것이다"라고 융은 쓰고 있다. "이 감각이 없는 인간은 길을 잃고 비참하다. 만약 성 바울로가 자신은 한낱 여행하며 양탄자를 짜는 사람에 지나지 않는다고 생각했다면 우리가 알고 있는 성 바울로는 되지 못했을 것이다. 그의 의미있는 진정한 삶은 자신이 주님의 사도라는 내적 확신에 있었다. 그를 과대망상이라 하는 사람이 있을지 모르지만 역사의 증언과 시대의 판단 앞에 이러한 의견은 힘이 없다."[18]

---

[16] Philipson, op. cit., pp.62 이하에서 인용.
[17] *CW* IX.1, "유아원형의 심리학을 위한" pp.162-3.
[18] *M&S*, p.89.

원형이란 결국 모든 문화의 기반이다. "보통 의식이 단독으로는 결코 가까이할 수 없는 감추어진 본능의 힘"[19]을 해방시켜서 에너지를 제공하여 도시를 건설하고 대성당을 세우고, 다리를 놓고, 생명의 비밀을 탐색하고 예술을 만들어내고, 평화를 수립하는 등의 꿈을 실현시킨다.

원형의 유형

"원형의 수는 삶의 전형적인 상황의 수와 같다."[20] 융은 원형을 열거하거나 분류하지 않았지만 여기서는 크게 두 종류로 나누어 몇 가지 예를 들어 보자. 하나는 경험의 구조 속에서 감지되는 원형적 개인, 장소, 사물이고 또 하나는 경험의 역동성 속에서 감지되는 원형적 과정이다.

원형적 개인, 장소, 사물: 이러한 종류는 반복해서 나타나는 형상으로서 도처에서 감지되는 형상이다. 처음으로 사람과 만날 때 우리는 흔히 이러한 형상으로 상대를 식별하고 그것에 따른 반응을 한다. 이러한 형상에 대한 이야기를 들을 때에는 이 형상과 연상으로 결합되어 있는 정서가 우리에게 생긴다.

영웅은 전세계의 미술, 문학, 이야기에 나타나는 심리적으로 가장 강력한 형상이다. 조셉 캠벨의 저서인 『천의 얼굴을 가진 영웅』[21]이라는 전형적인 책 이름이 이 사실을 분명히 제시하고 있다. 앗시리아, 바빌론, 캄보디아, 인도네시아, 온두라스, 아르헨티나, 그리스, 로마 등의 서로 멀리 떨어진 지방의 고대 전설, 비석, 구전, 벽화를 조사 연구한 결과 캠벨은 수많은 모습을 한 영웅을 도처에서 발견하고 있다.

---

[19] Philipson, op. cit., p.59, 인용한 것은 융의 말.　　[20] *CW* IX.1, p.48.
[21] Joseph Campbell, *The Hero with a Thousand Faces* (Cleveland: World Publishing Co., 1956).

우리는 영웅 이야기를 잘 알고 있다. 누구나 요구대로 이야기의 줄거리를 구성할 수 있다. 헤라클레스의 열두 가지 힘든 일, 길가메쉬*의 이야기, 오딧세우스의 여행, 모세와 아브라함의 생애, 요나 이야기, 십자가의 길 등 모두가 세 가지 유형, 즉 도전 또는 부름에 따른 "출발", "시련", "귀향"이라는 유형을 따르고 있다는 사실을 알게 되면 모두가 놀랄 것이다. 모든 영웅이 신체적인 생명을 부지하는 것도 아니고 모두가 영예스런 관을 쓰는 것도 아니다. 그러나 모두가 단련되고 부족함이 없다. 영웅은 전사, 사랑하는 자, 왕자, 사제, 족장, 예언자 등이고 남자나 여자, 신이나 인간이 된다. 그러나 영웅 이야기란 항상 다음과 같은 것이다.

옛날에 가넴과 살렘이라는 두 친구가 여행을 떠났다. 어느 날 땅거미가 질 무렵 그들은 나무가 무성한 언덕 기슭에 있는 넓은 개울에 이르렀다. 그들은 떡갈나무의 무성한 가지 밑에 침상을 마련하고 다음날 아침 개울을 건널 것을 결정하고 잠이 들었다. 눈을 뜨자 개울가에 흰 돌이 서 있는데 이상한 말이 새겨져 있었다.

"행인이여, 당신들의 피로를 가시게 하기 위해 우리는 훌륭한 식사를 준비했소. 그러나 당신들은 식탁에 앉기 전에 용기가 있어야 하고 식사를 할 가치가 있어야 하오. 당신들이 해야 할 일은 이런 것이오. 용감하게 개울에 뛰어들어 수영을 해서 다른 쪽으로 건너시오. 거기에서 큰 대리석으로 만들어진 사자를 발견할 것이오. 그 석상을 어깨에 메고 한번에 저쪽의 산정까지 올라가야 하오. 가시가 발을 찔러도, 무성한 숲속에 있던 야수가 잡아먹으려 달려들어도 개의치 마시오. 일단 산정에 도달하면 큰 행복을 소유하게 될 것이오." 가넴은 기뻐서 해보자고 했다. 그러나 살렘은 어떤 떠돌아다니는 거지의 장난이라고 생각했다. "개울의 흐름은 너무 빨라서 아무도 헤엄쳐 건너갈 수 없을 것이다. 사자가 있다면 아마 사자는 너무 무거워서 운반할 수 없을 것이

---

* Gilgamesh: 기원전 2000년경 바빌로니아의 서사시. 그 주인공의 이름.

다. 그리고 누군가가 한걸음에 저 산정에 오른다는 것은 도저히 생각할 수 없다. 나는 가고 싶지 않다." 그래서 두 친구는 포옹을 하고 헤어졌다.

가넴은 옷을 벗고 개울에 뛰어들었다. 그리고 곧 소용돌이에 휩말렸으나 있는 힘을 다해 건너편으로 건너갔다. 그는 한숨을 쉬고 덤불이 무성한 수풀에서 대리석 사자를 발견했다. 그는 그것을 어깨에 메고 한숨에 산정까지 달려갔다.

산정에서 그는 아름다운 도시의 성문을 보았다. 발을 멈추고 보고 있을 때 사자 속에서 포효하는 소리가 들리기 시작했고 그 소리는 점점 더 커져갔다. 마침내 도시의 작은 담이 흔들리고 성문에서 사람들이 우르르 몰려나오는 것을 보았다. 사자의 소리를 두려워하지도 않고 검은 말을 탄 젊은 귀족을 선두로 사람들이 다가왔다. 가넴 앞에 선 젊은이는 말에서 내려 무릎을 꿇었다. 그리고 그는 "용감한 외국인이여, 이 왕의 옷을 입으시고 이 검은 말을 타고 신하를 따라 도시로 들어가시기를 바랍니다" 하고 말했다.

가넴은 놀라서 어떻게 된 일이냐고 물었다. 젊은 귀족은 대답했다. "왕이 돌아가시자 저희들은 당신이 읽은 저 글을 새긴 돌을 개울가에 두었습니다. 그리고 이 대담한 모험을 수행할 용기있는 여행자가 지나갈 때까지 참을성 있게 기다린 것입니다. 이렇게 해서 저희는 항상 두려움 없는 마음을 가지고 반드시 목적을 실현할 왕을 모시는 것입니다. 저희들은 오늘 당신을 우리 도시의 왕으로 모시며 왕관을 바칩니다."[22]

이러한 이야기를 들을 때 실제 인물의 이야기가 아니라는 것은 중요하지 않다. 여기에는 진정한 심적 무게가 있다. 그리고 명료하고 피할 수 없는 진리가 우리를 감동시킨다.

남성적인 원형과 여성적인 원형: 우리가 남성, 여성을 보는 견해는 남성적인 것의 원형, 여성적인 것의 원형의 영향을 받고 있다. 남성의 원형

---

[22] Maude Barrows Dutton, *The Tortoise and the Geese and Other Fables of Bidpai* (Boston: Houghton and Mifflin, 1908), pp.84-89에 의해서 기술됨.

으로는 다정한 아버지, 사람을 잡아먹는 귀신, 친절한 난쟁이, 불길한 거인, 고귀한 기사, 악마적 사기꾼, 신성한 아이, 박식한 젊은이, 현자, 마법사, 성인, 죄인, 철인, 용을 죽인 자, 개구리 모습을 하고 있는 왕자, 자기 파괴적인 악마가 들린 포악한 왕 등이다.

여성의 원형도 상응한 영역을 보여준다: 양모와 잔혹한 어머니(대부분은 계모), 아름다운 여왕과 사악한 왕후, 현명한 노파와 북방의 마녀, 무장한 여용사와 여자 사냥꾼, 처녀와 대지의 어머니, 신데렐라와 흉악한 여자.

"**내적 자기**"의 **원형**: 융이 가장 두드러진 것으로 보고 있는 "내적 자기"의 4개의 원형인 페르소나persona, 아니마·아니무스anima·animus, 그림자shadow, 자아ego는 앞에서 이미 언급했다. 다른 것을 덧붙이자면 종종 서로 싸우고 있는 "육과 영혼"의 원형, 양성이 본원적으로는 일체였다는 감각을 표현하는 안드로자인androgyne(남녀 양성 소유자)의 원형이 있다. "4가지 기질" 또는 융의 현대적인 말에 의하면 "4가지 기능"인 사고, 감정, 감각, 직관의 원형이 있다. 이것들은 내면생활과 관계가 있는 문헌, 예를 들면 도덕극, 설교, 종교적 우화 또는 정신의학 이론에까지 반복해서 나타나는 형상이다.

"**타자**"의 **원형**: 라틴어의 alienus, 그리스어의 barbaros는 자신과는 종족, 종교, 언어, 조직, 복장, 습관 또는 나라가 다른 인간을 두 가지의 고정된 견해 가운데 한 가지 방향으로 보려는 경향을 나타낸다. "타자"에 대한 고정된 반응의 한 가지 방향이란 의심과 공포이다. 카뮈Camus의 『이방인』의 주인공은 이 원형의 좋은 예가 된다. 다른 사람들과 다르다는 단순한 사실에 의해서 그는 적의를 자아내고 자신을 멸망시킨다. 가톨릭 신자와 프로테스탄트, 유대인과 이민족, 백인과 흑인은 이러한 원형적 감정에 사로잡혀 있다.

"타자"에 대한 다른 한 가지 방향의 고정된 반응은 정반대이다. 이 견해는 "타자"를 하느님이 보내신 선물로 보려 한다. 나그네 대접을 소홀히 하지 마십시오. "나그네를 대접하다가 자기도 모르는 사이에 천사를 대접한 사람도 있었습니다"라고 히브리인들에게 보낸 편지의 저자는 쓰고 있다(히브 13,2). 그리스와 아랍 문화에도 같은 주제가 있다. 피터 젠킨스Peter Jenkins의

자서전적인 작품 『아메리카 횡단』에 의하면 북캐롤라이나 주州에서 머피는 피터를 그의 어머니 메리 엘리사벳에게 소개한다. 그들의 트레일러(이동 가옥)에서 피터가 처음으로 식사를 하는 동안 쭉 그녀는 입을 다물고 "뚫어지게" 그를 쳐다보다가 곧 그에게 말한다. "당신은 아직 나를 모르겠지만 당신에게 말하고 싶은 것이 있소. 나는 하느님을 믿소. 하느님께서 우리들의 신앙을 시험하고자 당신을 보내셨다고 생각합니다. 그러므로 이제부터는 당신이 원한다면 우리와 함께 있을 수 있소."[23]

우주의 원형: 우주cosmos라는 말은 "구조" 또는 "조직"을 뜻하는 그리스어의 어근에서 나왔다. 사람들이 오랜 동안 이 구조를 표현해온 전형적인 방식이 우주의 원형이다. 위쪽에는 천국을, 지상을 중간에, 아래쪽에는 악마 또는 죽은 자의 나라가 있다는 형태로 이 우주를 생각한 시기가 없었던 문화가 존재했는가? 또는 천공을 수대獸帶(zodiac) 같은 별의 집단으로 분할하고, 그것들을 단순한 빛이 아니라 인간의 운명에 영향을 주는 힘으로 본 것이 과거에 없었던 문명이 존재하는가? 우주 시대의 막이 열려서 "위, 아래"의 관념이 없어져도 전파망원경, 우주 탐사기, UFO 감시장치가 "보다 높은 지성"의 도래가 기대될 수 있는 장소로서의 "외우주"에 향해 있다.

거룩한 것의 원형: 모든 장소와 모든 시대의 누구의 마음일지라도 가끔 떠오르는 주요한 원형은 거룩한 원형, 즉 하느님의 원형이다. 공간적 또는 시간적인 이미지로 종종 표현되기는 하지만 하느님의 원형은 명확히 공간과 시간을 넘어서며 모든 곳에 존재하지만 어디에도 존재하지 않고 이름이 있지만 이름으로는 파악할 수 없으며 완전히 선하지만 최종적으로는 악의 모든 것도 포괄하고 한 분이시지만 동시에 여러 분으로서 생각하기를 요구한다.

"영웅의 원형"과 마찬가지로 거룩한 것의 원형도 여러 가지 이미지를 가진다. 삼위일체의 정식에 따라서 하느님의 이미지를 세 가지 형태로 생각해 보자.

---

[23] Peter Jenkins, *A Walk Across America* (New York: Fawcett Crest, 1979), p.143.

거룩한 것에는 성령으로서의 이미지가 있다. 이러한 이미지를 만드는 원형적 경향은 거룩한 것을 인간과 자연을 초월하는 것으로, 그리고 최고의 추상적인 이미지, 즉 "영원한 것", "플라톤의 이데아", "로고스", 즉 "말씀", "이름", "하늘", "존재 자체", "두렵고 매혹적인 신비" 등으로 표현되는 것으로 생각할 것을 요구한다. 그래서 신적인 것을 인간의 구조를 넘어선 것으로, 즉 자유롭게 인간의 내부와 그 사이를 드나들고 눈에 보이지 않으며 실체가 없으나 말할 수 없는 힘과 빛으로 접촉하는 모든 것을 감싸는 것으로 생각한다.

거룩한 것에는 인격적인 속성을 지닌 초월적 존재라는 이미지가 있다. 이러한 이미지를 만드는 원형적 경향은 신적인 것으로서 초월적이지만 인격적이다. 그래서 그것은 우리를 향해 축복을 보내는 얼굴과 우리가 하는 일을 보는 눈과 소원을 듣는 귀와 우리를 일으켜세워 인도하는 강한 팔과 예언자에게 말하는 목소리를 가진 아버지, 창조주, 구속자를 마음에 그리기를 요구한다. 그분은 초월적이지만 우리의 본성을 알고 계시고 우리는 그분의 모습으로 창조되었다.

거룩한 것에는 육화라는 의미의 인간의 육신을 취하신 하느님이라는 이미지가 있다. 초대 교회의 경험이 이 원형의 가장 과격한 표현을 촉진하여 가족과 고향이 있으며 팔, 손, 눈, 귀, 육체를 가지고 먹고, 마시고, 울고, 이야기하고, 갈등을 느끼고 피로하고, 논의하고, 가르치며, 거의 30년의 생애를 산 뒤에 사회의 적으로서 고난을 받고 죽은 인간이 되신 하느님이라는 이미지를 그리고 있다. 유대교와 이슬람교는 이 원형의 이러한 과격한 표현에 저항하고, 하느님의 내재성에 대한 관념을 하느님 말씀을 갖고 온 예언자, 교사의 이미지에 한정하고 있다. 유대교, 이슬람교도 거룩한 것이 지상에 내려와 특수한 때에 특수한 개인, 장소 그리고 물체에 접촉할 수 있다는 것까지는 그리스도교와 똑같이 인정한다. 그러나 그리스도교 전통에 분명히 나타난 하느님과 인간의 결합이라는 절대적인 이미지는 피하고 있다.

거룩함의 이미지

"손"은 성서에서 일반적으로 권력을 상징(시편 78,42)하고, 또 자연(이사 41,20) 안에, 그리고 백성(출애 6,1)과 예언자들(에제 1,3) 가운데에 계시는 하느님의 권력과 현존을 상징하기 위해 종종 사용된다. 손의 상징은 그리스도교의 도상 표현에 흔히 나타난다. 이것은 아일랜드의 Muiredach의 높은 십자가이다.

William Blake (1757~1827)의 잠언 8장 27절의 "깊은 바다 둘레에 테를 두르실 때"를 반영한 "옛날부터 항상 계신 이"는 의인화된 하느님의 이미지로서 우주적 신비와 힘의 느낌을 거의 포착할 수 있다.

의인화를 철저하게 조절하기 위해 인체의 일부만을 사용해서 신적인 것을 묘사한 종교적 도상 작가가 있다. 미국 국새의 이면에 그려져 있는 "섭리의 눈"도 그 하나로서 위쪽에 "Annuit coeptis"(그는 우리의 기업에 호의를 가지고 있다)라고 기록되어 있다. 1782년의 대륙회의에서 채택을 결의하고 프랭클린 델라노 루즈벨트 대통령 시대부터 1달러 지폐 뒷면에 인쇄되었다.

불과 불꽃은 종교적 전통에서는 항상 하느님의 현존을 상징한다. 유대 전통과 가르침에서 불에 타지만 타 없어지지 않는 덤불(출애 3.2)은 하느님이 정한 연속성을 상징한다(설명도는 미국 유대교 신학교의 공식 인장).

묵시록에 그려진 부활하고 드높여진 그리스도를 나타내는 승리의 어린양은 악의 권세와 온유함, 순결, 청정, 성성의 궁극적 승리를 상징한다.

자기와 하느님의 본성에 대한 원형적 이해를 상징하는 십자가에 달리신 그리스도라는 이미지의 힘은 20세기 스위스의 목각 십자가상에서도 분명히 나타난다.

성서의 원형과 자기의 이야기

거룩한 것에는 자연 — 자연현상 및 육, 해, 공중의 피조물 — 으로서의 이미지가 있다. 그리스도교, 유대교, 이슬람교는 대체로 이 원형적 경향에는 저항하고 있다. 확실히 바람, 별, 지진, 폭풍 속에 신적인 것이 움직이고 있다는 이미지는 인정한다. 성서에는 "고래", 동굴의 사자, 또는 지진까지도(묵시 12.16) 하느님의 명령을 수행하고 하느님의 성령이 비둘기 모양으로 내려온다고 기록되어 있다. 그러나 대체로 "성서의 종교"간에는 신성한 동물, 개울, 바위 또는 그밖의 어떤 자연현상이든 그것들은 거룩한 것의 이미지 저장고에는 해당시키지 않는다는 신학적 합의가 형성되어 왔다. 실제로 용, 레비아탄Leviathan, 라합Rahab, 이마에 666이라고 기록된 짐승, 사람의 말을 하는 낙원의 뱀과 같이 자연이나 동물의 이미지는 악마적인 것, 사탄적인 것의 표현으로 유보해 두었다는 것이 이들 종교의 자연 멸시를 분명히 보여주고 있다.

원형적 과정: 우리 안에 있는 원형적 경향은 내부와 외부에 존재하는 인간, 장소, 사물의 유형에 의해서만이 아니라 과정의 측면에서도 세계의 구조적 지각을 돕는다.[24]

선과 악의 갈등: 어떤 문화의 어떤 단계에도 선악의 갈등에 원형적으로 몰두한 흔적이 있다. 그것을 그려내는 이미지는 천차만별이지만 모두가 삶은 우리를 빛과 어둠의 투쟁으로 끌어들인다는 인식상의 단일 주제의 변화이다. 구약성서의 레비아탄을 제압하는 주님, 묵시록의 짐승을 쓰러뜨리는 메시아, 또는 용을 정복하는 성 조지St. George, 골리앗을 죽인 다윗, 더 나아가서는 로빈훗, 보안관, 서부극의 백인과 인디언, 바울로의 편지나 사해문서의 빛의 아들과 어둠의 아들이 그 실례이다. 런던 동물원 중앙에는 흰 돌로 된 조각상이 서 있다. 뒷다리를 들고 일어나 공격하는 맹수와 필사적으로 싸우는 가슴을 드러낸 남자상인데 그 상의 힘은 인간과 동물의 잘 알려

---

[24] "영웅의 원형"은 어떤 의미에서, 즉 개성화 과정의 한 면을 반영하고 있는 한 인간보다도 과정과 깊은 관계가 있다.

진 싸움을 표현하는 데 있는 것이 아니라 자신의 내부와 외부의 가장 맹렬한 힘을 제압하는 원형적 적극성을 관람자에게 일깨우는 데 있는 것이다.

파종, 육성, 수확: 마르코 복음서의 짧은 비유 이야기는 인생과정의 유사물로서 원형적으로 지각된 파종, 육성, 수확을 생생하게 묘사한다.

> 하느님 나라는 이렇게 비유할 수 있다. 어떤 사람이 땅에 씨앗을 뿌려놓았다. 하루하루 자고 일어나고 하는 사이에 씨앗은 싹이 트고 자라나지만 그 사람은 그것이 어떻게 자라는지 모른다. 땅이 저절로 열매를 맺게 하는 것인데 처음에는 싹이 돋고, 그 다음에는 이삭이 패고, 마침내 이삭에 알찬 낟알이 맺힌다. 곡식이 익으면 그 사람은 추수 때가 된 줄을 알고 곧 낫을 댄다(마르 4,26-29).

이야기 자체는 "땅이 저절로 열매를 맺게 하는 것"이라는 것에 중심을 둔다. 여기서 땅은 은혜로우신 어머니 — 라틴어로는 mater, 이 말에서 영어의 matter가 파생했다 — 로 그 리듬과 유형이 지탱되지 않으면 우리는 한 순간도 존립할 수 없다는 원형적 지각으로 인도한다. 그러나 비유 이야기로서의 이 이야기는 또 하나의 원형적 통찰로 우리를 인도한다. 그것은 감사축제나 추수의례의 거행에서 알 수 있듯이, 우리는 어떤 큰 과정의 일부로서 살아가고 거기서 우리가 행하는 역할은 고작 씨앗을 뿌리고 나무를 심고 아마 물을 조금 주는 것일 뿐 나머지는 자고 일어나는 사이에 자연의 신비로운 힘이 계속 작용하여 이루어지는 것이라는 점이다.

죽음과 부활: 살아 계신 신적 신비의 또 한 가지 측면인 죽음과 재생의 원형적 의식은 전세계의 문학과 미술에 반영되어 있다. 그 주제는 육신의 죽음과 부활 자체가 아니라 모든 것을 상실한 사람이 찾게 되고 병으로 희망이 없던 사람이 치유되고 파괴적인 삶에서 벗어나지 못하고 좌절에 빠져 있던 사람이 용서를 받고 해방되는 것처럼 회복할 수 없는 손실이라고 생각했던 것이 상상하지 못한 이득으로 바뀐다는 삶의 구조이다. 탕자, 젊어서 시력을 잃은 남자, 길 잃은 양, 바울로의 회심, 출애굽과 바빌론 유배,

그리스도의 재림과 최후의 심판날, 그밖에 도저히 열거할 수 없는 많은 이야기가 이 원형적 인식을 표현하고 있다. 교회의 의식으로서는 성주간이 끝난 다음날에 경축하는 부활절만이 아니라 고대의 세례식도 비슷한 의미를 가진다. 세례식의 핵심은 바울로의 말씀이 전해주는 원형적 주제이다. "과연 우리는 세례를 받고 죽어서 그분과 함께 묻혔습니다. 그래서 그리스도께서 아버지의 영광스러운 능력으로 죽은 자들 가운데서 다시 살아나신 것처럼 우리도 새 생명을 얻어 살아가게 된 것입니다"(로마 6.4).

역사로서의 삶의 체험: 전세계의 종교와 철학의 전통을 파고들어가면 시간은 어디서 언제 시작하고 어디를 지향하고 중간에 어떠한 단계가 있는지를 나타내는 이야기나 그림, 형이상학적 형식이 발견된다. 헤시오도스의 황금시대에서 시작해서 헤겔의 정-반-합이라는 역사과정과 묵시록의 천년지복의 도식에서 알 수 있는 것은 역사는 실재적인 것이며 인류와 민족과 우주의 생활사는 맹목적인 것도 구체성이 없는 것도 아니라는 원형적 지각의 표현이다. 이 원형적 지각은 우리의 시간이라는 소우주가 어느 역할을 할 수 있고 실제로 하고 있는 대우주의 운동 유형을 설명하는 "시대"나 "신기원"이나 "때와 계절" 또는 "순환"이라는 유형을 중시한다.

원형의 원형: 자기自己

융은 자서전에서 "심적 발달의 목적지는 자기다"라는 사실과 "자기는 관계 지각과 의미의 원리인 원형이다"[25]라는 사실을 1920년에 이해하기 시작했다고 말한다. 데이빗 콕스David Cox의 표현에 의하면 융의 결론은 자기는 "일종의 원형의 원형"[26]이라는 것이다.

---

[25] *MDR*, pp.196, 199.

[26] David Cox, *Modern Psychology: The Teachings of Carl Gustav Jung* (New York: Barnes and Noble, 1968), p.153.

융에게서 자기는 앞에서 말한 대로의 자아와는 다르다. 영어에서는 대문자를 사용한 Self라고 쓰는데 이 대문자는 어떠한 개인의 자아라는 의미가 아니라 자아보다 큰 자기의 실재를 표현하기 때문이다.

자아는 생각하고 계획하고 지령하고 그것을 완수하는 자신을 자랑하는 의식의 중심이다. 유아기에서 중년까지 사이의 시기에 자아의 모습을 가장 잘 볼 수 있다. 자기 자신을 분화시키는 일에 직면한 인생의 전반기 동안, 우리가 몰두하고 있는 "주관적 자기동일성 확인"[27]의 원형이 자아이다. 인생의 후반기가 되면 자기가 다른 일을 가지고 의식 속에 점차 분명하게 떠오른다. 자기는 분화가 아니라 통합이며 그것은 자아는 결코 자인할 수 없는 자아의 모든 부분들, 즉 페르소나와 그림자의 측면과 이성의 측면과 자신의 모든 태도와 기능이 통합되고 인지되는 것을 말한다. 자기는 우리가 그 일부인 광대한 실재자를 인식한다는 의미의 "객관적 자기동일성 확인"[28]의 원형이다.

융 자신의 말을 빌리면 "자기는 인간 내부의 심적 현상 전체를 포함한 원주이다. 자기는 인격 총체의 통일과 전체성을 표현한다. … 완전히 의식되어 있지는 않지만 … 경험될 수 있는 것과 될 수 없는 것 혹은 지금까지 경험되지 않은 것 전체를 포함한"[29] 인간의 전체성, 즉 자기가 그 자체로는 무엇을 의미하든 경험적으로 자기란 의식적 마음의 원망이나 공포와 관계없이 무의식에 의해서 자연발생적으로 만들어낸 인생 목적의 이미지이다. 자기는 인격 전체의 목적을, 즉 의지의 동의와는 관계없는 인격 전체와 개성의 실현을 표현한다. "이 과정의 에너지는 본능적인 것이기 때문에 한 개인의 삶에 속한 것은 무엇이든 이 과정에 반드시 편입된다. 그 개인이 동의하든 하지 않든, 또는 자신의 몸에 무엇이 일어났는지를 의식하고 있는지 여부와는 관계가 없다."[30]

이러한 자기의 원형적 지각을 표현하기 위해 어떠한 이미지가 미술, 문학, 꿈에 나타나는가? 앞에서 만다라에 대해서 말했는데 무한한 변화를 지

---

[27] Edward F. Edinger, *Ego and Archetype* (New York: Penguin Books, 1973), p.3.
[28] 같은 책.   [29] Wehr, op. cit., p.49.   [30] *CW* XI, p.459.

닌 정방형과 원을 결합한 도형은 중심에 위치하면서 전체를 포괄하는 자기의 특질을 표현한다. "영웅담"도 자기의 이미지로 개인적으로 어떠한 대가를 지불해서라도 자신의 자기를 얻으려는 상상력과 의지를 부추긴다. 실제로 우화나 속담에 나오는 거북이나 개미와 같은 현명한 사람이 어려서부터 자기에 대해서 가르쳐 주고 있다. 문학도 자기의 이상으로 우리를 기르고 있다. "숲속에서 길이 둘로 갈라졌다. 나는 덜 다닌 길로 갔다." 비유 이야기에는 자기의 이미지가 많다. 값비싼 진주, 빵 속에 있는 효모, 처음에는 작지만 성장하면 크게 자라는 겨자 씨앗 등이 그것이다. 복음서는 언제나 이 주제로 되돌아간다. "너희는 세상의 소금이다. 너희는 세상의 빛이다", "온 세상을 얻는다 해도 진정한 자신을 잃거나 망해 버린다면 무슨 이익이 있겠느냐? 무엇을 바쳐야 잃어버린 자신을 되살릴 수 있을까?" 특히 하느님의 이미지는 우리를 낳는 신비의 거대함과 우리가 동경하는 높이, 진정한 자기가 되기 위해 우리가 탐구하지 않으면 안되는 깊이의 표현으로서 자기를 비치고 있다. 융의 관점에서 보면 위에서 열거한 것의 선두에는 융이 "자기 원형의 예증"[31]이라는 그리스도가 있다.

그리스도와 자기

1952년의 『욥에 대한 응답』에 다음과 같은 글이 있다.

> 만일 그리스도가 … 신자들의 무의식 속에 살아서 작용하는 어떤 것을 표현하지 않았다면 그들에게 감명을 주는 일은 없었을 것이다. 그리스도교 자체도 그 관념세계가 그것과 유사한 프시케의 준비에 영합하는 것이 아니었다면 이교세계에 그처럼 급속하게 퍼지지는 못했을 것이다.[32]

---

[31] *CW* IX.2, p.37. [32] *CW* XI, p.441.

이 문장에서 융이 표현한 것은 의식이 깨어나고 계발되지 않으면 "의식의 시야에서 쉽게 사라지거나 또는 전혀 지각되지 않을지도 모르지만 모든 사람 안에는 전체성의 원형이 항상 존재한다"[33]는 견해이다. 예수 그리스도는 기다리고 있는 "영혼"에게 그것이 언제나 동경하고 있던 자기의 이미지를 제공함으로써 이러한 각성과 계발의 계기를 만든다고 융은 주장한다. 융의 말로 하면 "그리스도는 자기원형의 예증이다".

이 주장은 융의 독자적 주장이 아니다. 바울로는 1세기에 "내 안에 살아계신 그리스도", "너희 안에 형성된 그리스도", "너의 마음 안에 사시는 그리스도"라고 말한 바 있다. 그는 자기 자신에 대해서 "그리스도 안에" 있다고도 말하고 있다. 오리게네스는 3세기에 그리스도에 대해서 "그를 닮은 다음 우리의 내적인 사람이 만들어졌다"[34]고 말하고 있다. 칼 바르트Karl Barth는 20세기 중반에 『새로운 사람』이라는 책에서 이렇게 쓰고 있다.

> 예수 그리스도는 인간 본성에 대한 숨은 진리이다. … 아담 안에 있던 인간 본성이 인간의 진정한 원래의 본성이라고 보통 말하지만 그렇지 않다. 그리스도 안에서 발견된 인간 본성을 반영하고 그것에 합치하는 한에서만 아담의 본성은 진정한 인간 본성인 것이다. 그리스도가 가지고 있는 인간성이 인간의 진정한 본성의 궁극적인 계시이다.[35]

그리스도는 자기의 원형 예증이라고 말할 때 융이 특별히 마음에 두고 있던 것은 어떤 것인가? 또 바울로가 "내 안의 그리스도"라든가 "그리스도 안의 나"라고 한 것은 어떤 의미인가? 오리게네스와 바르트는 각각의 설명으

---

[33] *CW* IX.2, p.40.   [34] 같은 책, p.38.

[35] Wayne Meeks, *The Writings of Paul* (New York: W. W. Norton, 1972), pp.268-70의 인용 참조. Eugene TeSelle, *Christ in Context* (Philadelphia: Fortress Press, 1975)는 1장을 할애하여 칸트, 쉴라이어마허, 헤겔의 "원형 그리스도론"을 논하고 있다(pp.47-126). Robert Detweiler, "Christ and the Christ-Figure in American Fiction", reprinted in *New Theology No.2*, ed. M. E. Marty and D. G. Peerman (New York: Macmillan, 1965), pp.302-4도 참조. "신화적 원형으로서의 그리스도상을 논하고 있다."

로 어떠한 의미를 의도한 것인가?

이러한 물음에 충분히 대답하기 위해서는 신약성서 전체와 20세기 동안의 그리스도교 신학, 신앙생활, 영성, 도덕성, 교의학, 미술을 다시 고찰해 보지 않으면 안될 것이다. 그러나 반복해서 나타나는 몇 가지 주제를 식별할 수는 있다.

"자기 이미지로서의 그리스도"의 의미

요한 복음서는 그리스도교 신자가 "그리스도 안에서" 발견하는 것을 요약하는 데에서 가장 좋은 주제 하나를 인용하고 있다. 요한은 그리스도가 길이요, 진리요, 생명이라는 신앙을 고백했다. 요한에게서 이 세 개의 단어는 사실상 같은 뜻이다. 예수가 제시한 "길"이 "진리"이고, 이 "진리"가 "생명"을 가져오기 때문이다.

유사한 주제를 표현하는 그리스도론적인 호칭은 주님, 목자, 랍비, 지도자(사도 5,31), 그리스도, 왕 등 초대 교회에는 많이 있었다. 이들에게 공통된 것은 그리스도는 그들의 마음을 지배하고 (인생의) "길"에서 그들을 인도하는 분이라는 고백이다.[36]

그것은 어떠한 길인가? 그리스도교 신자가 "그리스도 안에" 있다는 것의 의미를 표현하고자 할 때마다 떠오르는 주제 몇 가지를 들어 보자.

봉사자의 길 : "너희 사이에서 누구든지 높은 사람이 되고자 하는 사람은 남을 섬기는 사람이 되어야 한다"(마르 10.43). 복음서의 이 말씀은 1세기의 프시케에 그리스도가 고취한 의식의 대전환을 언급하고 있다. 어떤 신학자는 이것을 "그리스도가 중심에서 나를 제거하고 대신 우리를 놓았다"라고 표현했다. 심리학적 용어로 말하면 우리의 자기가 실현되기 위해서는 우리

---
[36] 초기 그리스도교는 아마 "크리스천"이라는 말을 사용하게 되기 전에 "길"(Way)이라고 자칭하고 있다.

생활의 지배적인 감정인 자아 대신 자신의 동일성과 전체성과 성취를 자신의 이웃의 동일성과 전체성과 성취와 연결시키는 보다 넓은 자기의식으로 대치해야만 된다고 말하는 것이다.

사랑의 길: "너희가 서로 사랑하면 세상 사람들이 그것을 보고 너희가 내 제자라는 것을 알게 될 것이다"라고 요한 복음서 13장 35절에 기록되어 있다. 예수의 가르침은 "사랑"에 대한 갈망을 눈뜨게 했다. 그 사랑은 그리스-로마적 심성에 본래 있던 소유적 사랑인 에로스가 아니라 타인을 위해 최선의 것을 바라고 실행하는 아가페로서의 사랑이다.

> 그 시대의 사람은 사람이 되신 말씀과 자신을 동일시하고 어느 하나의 관념에 의해 통일된 공동체를 건설할 준비가 되어 있었다. 그 관념의 이름으로 그들은 서로 사랑하고 형제라고 부를 수 있게 된 것이다. 그 이름으로써 새로운 사랑의 길을 열려고 했던 중보자라는 … 오랜 관념이 사실이 되었다. 그리고 그것과 함께 인간사회는 큰 걸음으로 전진했다.[37]

성령의 길: 마르코 복음서에는 유일한 "용서받을 수 없는 죄"는 "성령에 대한 죄" — 그 운동에 무관심한 것, 그 요구에 저항하는 것 — 라고 기록되어 있다. 그리스도의 생애는 처음부터 끝까지 "성령의 전기(傳記)"로서 이야기되고 있다. 그리스도는 성령에 의해서 태어나고, 성령에 의해서 광야로 끌려나갔고, 성령으로 세례를 받고, 성령으로 설교하고, 마지막으로는 성부께 의탁하여 제자들에게 성령을 약속했다. 신약성서의 그리스도 신자들은 자신들과 다른 사람과의 차이는 성령을 받은 경험의 유무에 있다고 주장하고 있다. 이것은 도취적 흥분의 경험이 아니라 바울로가 말한 것처럼 — 자신의 힘으로는 될 수 없는 일이 하느님의 은총으로써 된다는 — 힘의 경험이다. 그 증거는

---

[37] *CW* V, pp.69-70.

자기본위, 분노, 불신, 원한, 적의, 불화, 질투, 만취해서 떠드는 힘이 사랑, 기쁨, 평화, 온유, 인내, 선행, 진실, 친절, 절제의 힘(갈라 5.19-22)에 의해서 상쇄될 수 있다는 개인적인 발견을 지목한 내적인 변용이다.

하느님 나라의 길: 1세기의 랍비라면 누구나 "하느님 나라"가 어떠한 것인지를 알고 있었을 것이다. 그것은 하느님이 인간의 마음을 지배하고 있는 곳이다. 복음서에 의하면 하느님의 나라는 예수의 가르침의 시작이요 끝이다. 그 결과는 기도, 봉사, 사랑과 친절한 행위에 의해서 양육된 새로운 하느님 의식을 고취하는 것이었다. 씨뿌리는 사람의 비유 이야기는 하느님의 말씀이 뿌려진 곳은 어디에서나 하느님의 왕권에 대한 감각이 자랄 것이라고 주장하고 있다. 예수가 그것을 가르치고 초기 그리스도교 신자가 경험하고 후대는 그것이 진리라는 것을 알았다.

구원의 길: 신약성서의 구원 그리고 구세주라는 말은 "구출", "치유", "해방"을 의미하는 보통 그리스어의 어근에서 파생했다. 예수의 성무와 가르치는 방법을 보면 "구원"의 중요성을 시사한다. 병자를 치료함으로써 "구하고", 죄 많은 사람을 용서로써 "구하고", 가난한 사람을 음식과 의복으로써 "구하고", 포로가 된 사람을 해방으로써 "구하고", 길 잃은 사람을 찾아냄으로써 "구한다". "그리스도 안에" 있다는 것은 어느 하나나 모든 형태의 이러한 "구원"을 경험했다는 것만이 아니라 "구원"의 "복음"을 전한다는 성무를 자신이 떠맡는다는 것이다.

화해의 길: 바울로의 고린토인들에게 보낸 둘째 편지에 "하느님께서는 그리스도를 내세워 우리를 당신과 화해하게 해주셨고 … 그리고 그 화해의 복음을 우리에게 맡겨 전하게 하셨습니다"라고 씌어 있다. 화해라는 말이 복음서에는 없지만 바울로는 이 주제가 그리스도의 생애와 성무를 횃불처럼 비추게 했고, 그 자신의 내부에 불을 붙인 것을 느꼈다. 바울로에게 있

어서는 "오직 그리스도만이 전부로서 모든 사람 위에 군림하시고"(골로 3.11), 그리스도로 말미암아 "만물은 존속합니다"(골로 1.17). 이 의미는 우리가 서로 제정한 지리적·종교적·사회적·민족적·인종적인 구별이 그리스도 안에서는 붕괴된다(에페 2.14)는 것이다. "유대인이나 그리스인이나, 종이나 자유인이나, 남자나 여자나 아무런 차별이 없습니다. 그리스도 예수 안에서 모두 한 몸입니다"(갈라 3.28)라고 바울로는 쓰고 있다. 사마리아 사람을 껴안고, 이교도와 이야기를 하고 세리와 죄인과 함께 식사를 하고 간음한 여인을 받아들이고, 부정한 자에게 다가가고, 가난한 사람을 들어높이고, 원수를 사랑한 그리스도의 봉사가 이 신념을 낳은 것이다. 그리고 결국 동서남북 전세계에서 사람들이 하느님의 최후만찬 식탁으로 몰려오는 것을 그는 예견하고 있었다(루가 13.29). 국가, 사회, 계급의 구별을 의식하고 있는 세계에 원형적인 힘을 가진 화해의 사명이 알려지기 시작했다.

십자가의 길: "죽음과 부활"은 인간의 프시케 안에 있는 원형적인 주제라고 앞에서 말했다. 같은 주제가 "봉사하는" 자기의 상징에도 반영되지만 십자가의 상징에도 반복되고 있다. 십자가 그리스도교의 상징으로서 발달한 것은 4세기 이후이다. 그전에 교회에서 이 말이 사용될 때는 잔혹과 치욕의 상징으로서의 역사가 깃들어 있다. 그러나 일단 그리스도교의 상징으로서 채용되자 그 힘은 내구성을 지니게 되었다. 특히 십자가란 역사의 공포와 하느님의 신비가 만나는 자리라는 진리의 인식을 표현하고 있기 때문이다. 길의 종점이라고 보이던 것이 새로운 길의 출발점이 되었다. 십자가는 죽음의 상징임과 동시에 생명의 나무로서 묘사함으로써 그리스도교 미술은 이것을 표현했다. 이 주제는 봉사하는 사람의 주제와 같이 자신을 버림으로써만이 자신을 되찾게 된다는 원형적 진리의 또 다른 표현이다. 십자가에 대한 이야기는 어떻게 하면 그것이 실현될 수 있는지를 설명하지 않는다. 다만 그것이 진리라는 사실을 증언함으로써 듣는 사람으로 하여금 그 길을 자신을 위해 받아들이도록 초대한다.

그리스도 사건과 영혼생활

"내 안의 그리스도", "자기 이미지로서의 그리스도", "인간의 진정한 본성으로서의 그리스도"라고 하는 표현이 그리스도교 신자에게 어떤 의미와 내용을 말하고 있는지를 똑똑히 설명하는 주요한 주제 몇 가지를 보아왔다. 남은 문제는 이 실체를 어떻게 해서 타인에게 전하느냐는 것이다. 그 행위는 어떻게 해서 일어나는가? 신자 내부에 그리스도의 이미지를 어떻게 해서 자각하게 하는가?

20세기 초에서 중반에 걸쳐 신약성서학의 일인자였던 루돌프 불트만 Rudolf Bultmann은 예수가 그리스도교 신자의 생활에 일으킨 변모를 일컬어 "그리스도 사건"이라는 표현을 사용했다. 불트만에게 있어 "그리스도 사건"은 "말씀의 사건"이었다. 불트만은 그 구조는 설명하지 않고 말씀을 하고 말씀을 듣는 것이 그리스도교 신자와의 접촉점이 된다고 보았다.

그리스도교 사상과 실천의 역사에서 그 접촉점이 다른 것에 있어왔다. 그 접촉점을 성사 Sacraments라고 하는 사람도 있고, 신경信經의 고백이라고 하는 사람도 있고, 그리스도의 "모방"이라고 하는 사람도 있다. 융에 있어서는 접촉점은 영혼에 있다. 성사적인 면과 신경적인 면 그리고 "모방"적인 면은 있겠지만 사건의 장소는 영혼이다. 그것은 통상적인 마음이 아니라 "말씀"이 감동시키는 영혼이다. 그것은 통상적인 몸이 아니라 성사로 키워진 영혼이다. 그것은 합리적인 지성의 지혜가 아니라 신경이 고백하고 있는 영혼의 지혜이다. "구세주"의 리듬이 모방할 가치가 있는 울림으로 호소하는 것은 영혼 전체를 향한 것이지 양심만은 아니다.

영혼이란 무엇인가? 앞에서 말한 대로 의식적이고 무의식적인 자기의 총체, 지적·도덕적·정신적·감각적인 지각과 힘이 있는 곳이다. 어두운 면과 밝은 면이 공존하고, 희망과 기억, 갈망, 원형적 동경이 격렬하게 움직이는 곳이다. "가장 내밀한 생명의 신비의 일부로 … 경이와 두려움을 가지고 바라볼 수밖에 없다"고 융은 말했다.

그리스도에 관해서 자기원형의 예증이라고 할 때 융은 영혼생활 안에 있는 어떤 사건을 이야기하고 있는 것이다. 이 그리스도 사건은 영혼에게 말할 뿐만 아니라 잠을 깨고, 활기를 불어넣고, 정화하고, 육성하고, 부활하도록 "작용한다". 그 효과는 시간 안에서는 저술, 전례, 교리, 신경, 성사, 회화, 비문, 설교, 생활방식과 같은 눈에 보이는 형태로 표현된다.

나자렛 예수가 1세기의 그리스-로마 세계에 출현한 것은 영혼의 내부에서 "살아 작용하는 어떤 것의 표현이었다"고 융은 말한다. "복음"이 넓게 퍼진 것은 그것을 받아들인 "심적 준비"가 있었기 때문이다. "복음"에 접한 사람은 자신이 무엇을 찾고 있는지 그때까지 몰랐다. 그것이 도착했을 때 깨달은 것이다. 이름이 전해지지 않은 15세기 시인이 우리 대신 노래했다.

너는 그분이 오시면 그분을 알 것이다.
큰 북을 치고 울리며 오시기 때문도
훌륭한 풍채를 하고 오시기 때문도
몸에 걸친 옷 때문도 아니다.
왕관이나 복장에 의한 것도 아니다.
그분이 오시면 너의 속에서 생기는
거룩한 조화에 의해서 그분이 오신 것을 알게 될 것이다.

성서는 왜 말하는가?

성서의 일부는 원저자들의 작품이다. 그들은 자신의 체험과 계시된 지혜에 의해 썼다. 예언자, 바울로, 복음서의 저자, 모두는 주어진 ― 그들을 사로잡은 말씀의 렌즈를 통해 굴절을 받는 ― 자료에 의해서 썼다.

성서는 후대 히브리인과 그리스도교 신자의 산물이기도 하다. 예언자, 사도, 복음서 기자가 말하는 것을 읽으면서 그들 자신이 한 말씀을 듣는

것이다. 그 말씀에 응하여 그들은 이러한 문서를 모아 "거룩한 책"의 정전
正典을 편찬했다. 그 책은 전체로서 그 시대의 다른 많은 책들과 다를 것은
없었지만 영적으로 다른 문학에는 없는 방식으로 지능에 호소하여 영혼에
격렬하게 작용하는 힘을 가지고 있었다.

자신이 읽은 문서를 통해서 호소해오는 성령에 움직여서 그들은 그러한
문서를 모아 영혼의 책 "성서"의 원문을 작성했다. 거기에는 율법, 시, 전
설, 신화, 예언, 비유 이야기, 수수께끼, 편지, 복음, 역사기술, 묵시가 포
함되어 있다. 그러나 그것은 영혼의 생활에 관한 원형적 주제의 보고였다.
그것들은 지능에 도전하고 고뇌하는 정신을 위로하고 마음을 따뜻하게 하
고, 양심을 예민하게 하고, 의지를 굳게 하고, 시야를 넓게 하고 거룩한 것
의 지각을 심화시킬 수 있는 것이었다. 그들이 성서를 편집한 것은 이것이
말하는 힘을 지녔고 후대의 영혼이 그 소리를 듣고 영혼을 일깨우고 "구
원"까지 하는 말씀을 거기에서 발견하는 것을 보증하는 것은 성서를 보존
하는 것밖에는 없다는 것을 알고 있었기 때문이다.

융도 성서의 편집자들과 똑같이 성서 원문의 힘은 영혼에게 말할 수 있
는 가능성에 있다고 보고 있다.

융은 이렇게 쓰고 있다.

> 근원적인 이미지로 말하는 사람은 누구나 무수한 목소리로 말한다. 듣는 사
> 람을 매혹하고 압도하며, 표현하고자 하는 이념을 일시적인 것에서 영속적
> 인 것의 영역에로 들어올린다. 그리고 개인적인 운명을 인류의 운명으로 바
> 꾸어 그로 말미암아 인류는 종종 모든 위험에서 피난처를 찾고 아무리 긴
> 밤도 참아낼 수 있는 저력을 우리 안에 상기시킨다.[38]

---

[38] *CW* XV, p.82.

제6장

성서가 말하게 한다;
성서해석에 대한 융의 접근법

> 영원한 진리는 기계적으로 전해질 수 없다. 진리는 어느 시대나 인간의 프시케에서 새롭게 태어나야만 한다.　　　　　　　　　―「파국 이후」[1]

『상처입은 치유자』에서 헨리 나웬은 이야기한다. 한 젊은 탈주병이 적의 눈을 피해 숨으려고 어느 작은 마을로 들어갔다. 그 마을 사람들은 그를 친절하게 대하였고 그에게 은신처를 제공했다. 그러나 탈주병을 찾으러 온 병사들이 마을 사람들에게 탈주병의 행방을 묻자 그들은 겁에 질리게 된다. 병사들은 동이 트기 전까지 탈주병을 내놓지 않으면 마을에 불을 지르고 한 사람도 남기지 않고 모조리 사살하겠다고 위협했다. 그래서 마을 사람들은 사제를 찾아가 조언을 청했다. 탈주병을 적의 손에 넘겨줄 것인가, 아니면 마을 사람들을 모두 죽게 할 것인가 하는 문제로 고심을 하면서 사제는 해결책을 얻기 위해 자기 방으로 들어가 동이 트기 전까지 성서를 읽었다. 오랜 시간이 지난 후 새벽녘이 되어 그는 우연히 다음과 같은 말씀을 발견했다. "온 민족이 멸망하는 것보다 한 사람이 백성을 대신해서 죽는 편이 더 낫다."

사제는 성서를 덮고 병사들을 불러 탈주병의 은신처를 말해 주었다. 그래서 탈주병이 끌려가 살해된 후 마을에서는 사제가 마을 사람들의 생명을 구했다고 잔치가 베풀어졌다. 그러나 사제는 그 자리에 나타나지 않았다.

---
[1] *CW* X, p.217.

그는 깊은 슬픔에 잠겨 자기 방에 남아 있었다. 그날 밤에 천사가 나타나서 그에게 묻기를 "당신은 무엇을 하셨소?" 하자 그는 "저는 탈주병을 적의 손에 넘겨주었습니다" 하고 대답하였다. 그러자 천사는 말하기를 "당신은 구세주(메시아)를 넘겨준 것을 모르는가?" 하자 사제는 "제가 그것을 어떻게 알 수 있습니까?" 하고 불안에 떨며 대답했다. 그러자 천사는 말하기를 "성서를 읽는 대신 단 한 번이라도 그 소년을 찾아가 그의 눈을 응시했더라면 당신은 그 사실을 알았을 텐데"라고 하였다.[2]

이 이야기의 비극은 "어떻게 하면 성서를 올바로 이해할 수 있느냐?" 하는 물음을 중심으로 한다. 이 예로는 이해를 잘못함으로써 생명의 책이 죽음의 책이 되고 말았다. 똑같은 이유에서 자유의 책이 굴종의 책으로, 은총의 책이 단죄의 책으로, 영혼의 책이 종교적 사실의 책이 된 예는 많이 있다.

우리가 성서에서 듣는 것은 성서를 어떻게 이해하고 있느냐에 달려 있다. 그러므로 성서해석에 착수하기 전에 몇 가지 기본적 의문에 대해서 마음을 결정하는 것이 중요하다. "성서란 무엇인가?", "독자인 나는 누구인가?", "저자는 누구인가?", 또한 "나는 이 책에 어떻게 접근할 것인가?" 융은 이러한 물음을 모두 계통을 세워서 논한 것은 아니지만 그의 저서가 전체로서 이러한 물음에 대한 같은 시대의 수많은 성서학자, 신학자, 종교심리학자, 성직자, 영적 지도자 — 로마 가톨릭, 유대교, 프로테스탄트의 — 의 통찰과 일치하는 견해를 분명히 하고 있으며 오늘날 성서를 읽는 자세를 제시한다.[3]

---

[2] Henri Nouwen, *The Wounded Healer* (New York: Doubleday, 1972), pp.25 이하.

[3] 최근 10년간 신약성서 연구의 주요 동향의 하나는 성서 텍스트의 구조주의적 분석이다. 구조의 해석은 "인간 마음이 의미의 다양한 면을 산출하고 이해하는 방식"의 연구에서는 융만큼 깊은 통찰을 제시하지 않지만 텍스트의 "상징적인, 즉 내포(內包)적인 차원"과 "힘", 그리고 독자에 대해서 "비현실을 현실로 바꾸는 힘"을 지닌 "깊은 가치"에 성서학자의 주의를 끈 점에서는 큰 진전이었다. Daniel and Aline Patte, *Structural Exegesis: From Theory to Practice* (Philadelphia: Fortress Press, 1978) 및 Fortress Press and Scholar's Press에서 나와 있는 series *Semeia* 참조.

성서란 무엇인가?

성서란 무엇인가라는 물음에서 제기되는 새로운 견해를 전통적이며 친숙한 문제점을 논하는 7개의 명제라는 형태로 표현할 수 있다. 이중에 어떤 명제라도 이 책의 지면이 허용하는 이상으로 자세히 고찰할 가치가 있지만 여기에 기술하는 범위 내에서도 성서의 성격과 목적에 대해 새로운 합의를 암시할 수 있을 것이다.

첫째는 성서신학자에게 분명하게 드러나고 있는 것으로 성서란 초점이 성서 밖에 있는 책이라는 명제이다. 성서는 그 자체를 지시하는 것이 아니라 자체를 넘어서 하느님과 이웃사람과 자기를 지시한다. 이 점에서 융은 목사였던 아버지와 견해를 달리했다. 아버지의 성서를 숭배하는 모습에서 삶과 그 삶의 한가운데 존재하시는 하느님보다 성서를 더 중요시 여기는 경향을 보았다. 아버지에게서 성서는 신학과 전통 신앙의 안내자였다. 그러나 융에게서는 성서는 삶과 하느님 의식의 안내자였다.

예수시대의 종교적 지도자와 성서해석자들 사이에 있었던 이와 유사한 자세에 대해서 신약성서는 이야기하고 있다. 예수는 "너희는 성서 속에 영원한 생명이 있는 것을 알고 파고든다"(요한 5.39)고 그들에게 말한다. 예수의 관점에서 영원한 생명은 책 속에 있는 것이 아니라 책 밖의 사람들과 사건과 음성 속에 있다. 이것을 통해서 하느님은 항상 말씀하시고 성서는 이것들을 지시한다. 성서의 근본은 원문 자체라고 해석자들은 생각하고 있었지만, 예수에게서 성서의 근본은 살아 계신 하느님의 현존재였다. 성서의 원문은 이 하느님을 틀림없이 지시하고 또 항상 그곳으로 우리의 주의를 끌고자 한다. 현재의 어느 베네딕도 수도회 수사는 "우리는 하느님이 말씀하시는 말씀이 아니라 그 말씀을 하시는 하느님 곁에 머무른다"고 해석하고 있다.[4]

---

[4] Andrew Miles, O. S. B., "Understanding God's Word", *The Pecos Benedictine* (October 1978), pp.2, 7.

둘째 명제는 성서학자가 점차로 인식하는 것으로, 성서가 생긴 것은 과거이지만 현재의 독자에게 말하고자 한다는 것이다. 플라톤, 셰익스피어, 토마스 제퍼슨, 마크 트웬의 작품들을 읽은 일이 있는 사람이라면 이 말에 놀라지 않을 것이다. 그것들은 다만 자기 시대의 독자만을 염두에 두고 쓴 것이 아니다. 어느 시대의 누구에게든 자신의 관념에 관심을 가진 모든 사람에게 그들은 말하고 있다. 바울로는 구약성서를 "성서 말씀은 모두 우리에게 교훈을 주려고 기록된 것입니다"라고 로마인들에게 보낸 편지 15장 4절에서 말하고 있다. 아담, 노아, 족장들의 이야기는 융이 시인한 대로 하룻밤의 즐거움을 위해 쓰여진 것이 아니다. 그들의 이야기는 우리의 이야기이다. 창세기에 아브라함에 대해서 쓰여진 말은 아브라함만을 위해서 쓰여진 것이 아니라 "우리를 위해서도" 쓰여진 것이다(로마 4.23-24).

성서에 대해서 융과 그밖의 사람들이 제창하는 셋째 명제는 성서는 하느님의 말씀을 모아 놓은 것이 아니라 전체로서 하나의 하느님 말씀이라는 것이다. 역사적 비판이 성서의 언어는 성서 저자의 언어라는 진리를 우리에게 단단히 각인시켰지만 그들의 언어, 그들의 문법과 문장 구조가 하느님의 말씀을 굴절시켰다.

이런 사실은 성서 자체를 보아도 분명하다. 요한이 "말씀이 사람이 되셨다"고 말할 때나 바울로가 말씀이 들어오실 문이 열리도록 기도할 때 그들이 말한 것은 영역 성서의 77만 3692 단어도 아니고 히브리어나 그리스어의 원전의 총 단어 수도 물론 아니다. 성서 자체는 하느님의 말씀(예를 들면 마르 7.13)으로 생각할 수 있으나 결코 하느님의 말씀 모음이라고 생각할 수 없다.[5]

성서가 말하는 하느님의 말씀이란 무엇인가? 그것은 예언자에게 하시는 말씀, 설교의 말씀, 하느님의 뜻을 집행하기 위해 주님의 입에서 나오는 말씀 등등, 많이 있을 수 있다. 그러나 어느 경우에도 그 문구는 세상 안에서

---

[5] 개개의 단어를 신성해서 침범해서는 안된다는 것은 신약성서 가운데 오직 한 대목, 묵시 22장 18-19절뿐이다(신명 4,2; 12,32 참조). "문자는 사람을 죽인다"(2고린 3,6)고 주장하는 바울로와 묵시록은 대조적이다.

활동하시는 하느님의 힘과 현존을 가리키지 하느님에 대한 말은 아니다.[6]

넷째 명제는 개신교가 결국 받아들이기 시작한 성서에 대한 고찰로서, 성서는 하느님의 이야기를 들을 수 있는 유일한 곳이 아니라는 것이다. 융이 지적한 대로 하느님은 성서 안에서만 말씀하신다는 특수한 개념은 종교개혁의 산물이다. "교회 밖에서는 구원이 없다"extra ecclesiam nulla salus est는 로마 가톨릭의 가르침에 대해서 개신교가 똑같이 엄격하게 "성서만으로"Sola scriptura라는 교리로 대응했다.[7]

하느님의 말씀을 한 권의 과거에 기록된 책에 한정하는 것은 성서 자체에 모순된다. 하느님은 주로 인쇄물로써 의견을 표현한다고는 성서의 어느 곳에도 기록되어 있지 않다. 하느님은 폭풍과 회오리바람에, 역사의 큰 이변에, 하느님 아들의 치유 현장에, 전진을 계속하는 교회의 가르침 가운데서 볼 수 있는 것이다. 바울로에게 있어서, 예언자에게 있어서, 복음사가에게 있어서, 성령의 세례를 받은 그리스도교 신자에게 있어 하느님의 말씀은 문자의 형태로 한정될 수 있다는 주장은 도저히 생각할 수 없는 것이었다. 하느님은 모든 시대, 모든 시점에서 당신의 성령의 힘과 현존을 통해서 계속 말씀하시고 당신의 뜻을 나타내시기를 지금도 변함없이 기대하신다.

성서에 대해서 융이 자명하게 여기는 다섯째 고찰은 성서는 교회의 책이지만 그 말씀의 이해는 결코 신앙을 고백한 신자에 국한된 것이 아니라는 것이다. 토마스 머튼Thomas Merton이 그와 같은 생각을 밝히고 있다.

> 신자는 자신의 지위와 외견상의 특권에 지나치게 만족하고 성서가 자신만의 책이고, 자신이 성서에 대해서 무엇이든 알고 있는 것처럼 생각해서는 안된다. … 성서는 만인의 책이고 신자도 진지하게 받아들여야 할 성서의 새로운 면을 발견할 가능성은 신앙을 갖지 않은 사람에게도 똑같이 주어져 있다.

---

[6] John Reumann, *Jesus in the Church's Gospel* (Philadelphia: Fortress Press, 1968), pp.18-21을 보라. 성서에서의 "하느님의 말씀"이라는 개념의 사용에 대한 훌륭한 개관이다.

[7] *CW* XI, pp.412-3.

사실상 신앙을 갖지 않은 사람이 "신자보다도 성서와 대화하고 싸우기 쉬운 입장에 있는 경우가 종종 있다"[8]고 머튼은 소견을 말한다.

한 예로서 머튼은 마르크스주의자인 영화작가 파솔리니Pasolini를 들고 있다. 교황 요한 23세의 내방이 야기한 교통체증 때문에 아씨시의 한 호텔에서 나오지 못한 파솔리니는 방에 비치된 마태오 복음서를 손에 들고 생전 처음으로 그것을 읽었다. 이 사건에서 「마태오 복음서」라는 서사영화가 태어났다.

여섯째 명제는 다음과 같다. 성서 영감설이라는 교리에 관련하여 성서는 "그것이 영감"에 의해서 쓰여졌다고 분명히 밝히고 있지만 그것이 곧 불가류성不可謬性이라는 의미는 아니라는 사실에 주목해야 한다는 점이다. 성서의 영감 교리는 성서의 특별한 기원, 성격, 힘, 목적을 지시한다. 융을 인용하면 "영감을 설명하는 일은 우리에게 불가능하다. 영감에 대한 우리의 주요한 감정은 그것이 추리의 결과가 아니라 어딘가 다른 곳에서부터 우리가 있는 곳으로 온다는 것이다".[9]

성서의 영감에 대해서 저술한 신약성서의 중심 원문은 디모테오에게 보낸 둘째 편지 3장 16-17절이다. 개정 표준역 성서에서 인용하면 다음과 같다. "성서는 전부가 하느님의 계시로 이루어진 책으로서 진리를 가르치고 잘못을 책망하고 허물을 고쳐주고 올바르게 사는 훈련을 시키는 데 유익한 책입니다. 이 책으로 하느님의 일꾼은 모든 선한 일을 할 수 있는 자격과 준비를 갖추게 됩니다." 이 구절 전체를 보고 다음에 그리스어 원문을 보면 중요한 사실 두 가지가 눈에 띈다. 첫째는 이 구절의 전후 관계를 함께 읽으면 저자가 이해시키고자 하는 요점은 영감에 의한 원문이 아니라 영감에 의한 원문의 목적, 즉 "하느님의 일꾼은 모든 선한 일을 할 수 있는 자격과 준비를 갖추게 된다"는 것이었다는 사실을 우리는 알게 된다.

우리가 깨달은 또 하나의 사실은 "영감"을 뜻하는 그리스어 단어 theo-

---

[8] Thomas Merton, *Opening the Bible* (Collegeville, MN: Liturgical Press, 1970), p.28.
[9] *MDR*, p.340.

pneustos는 "하느님의 숨을 받은"이라는 의미라는 것이다. "성서는 전부가 theopneustos이다"라는 것은 저자의 마음과 손이 "하느님의 숨결에 이끌려 쓴 작품"이라는 것이며 이것을 읽는 사람은 그같은 숨결에 의해서 기운을 회복하고 영양분을 받게 될 것이다라는 의미다. 불가류성이란 결과가 아니라 오히려 우리가 읽고 묵상할 때 그 단어를 통해서 호흡을 느끼는 의심의 여지가 없는 하느님의 현존을 뜻한다.

  마지막으로 성서에 대한 융의 이해와 이용에서 그 핵심은 성서의 궁극 목적이 정보가 아니라 변화라는 데 있다. 전교에 종사한 한 여성에 대한 이야기인데 그녀는 나무 밑에 앉아서 성서를 읽고 있었다. 친구가 지나가다 물었다. "무슨 책을 읽고 있어?" 그녀의 대답은 "내가 이 책을 읽고 있는 것이 아니라 책이 나를 읽고 있어"였다. 바울로의 편지, 복음서, 구약성서, 후대의 편지, 묵시록을 모아 그리스도교의 성서를 형성한 사람들은 이에 동의할 것이다. 성서는 역사적 관심에 어느 정도 합당하고 예배에 도움이 되는 자료원이고 가르침에 불가결한 신앙의 정보를 제공한다는 것을 그들은 인정한다. 그러나 성서의 최고 목적은 독자의 변화이다. 현재 로마 가톨릭 교회의 부제서품식은 이 목적을 강조해서 다음의 서품 기도를 큰 소리로 바친다.

> 여러분이 읽은 것을 믿고
> 여러분이 믿는 것을 고백하며
> 여러분이 고백한 것을 실천하도록 하십시오.

독자인 나는 누구인가?

칼 바르트는 우리는 흔히 "이 책은 무엇인가?"라는 의문을 갖고 성서를 대하게 되지만, 결국은 성서가 "그것을 읽은 이 사람은 누구인가?"라고 우리에게 되묻는 것을 발견하게 된다[10]고 말한다. 이 의문은 심리학과 정신분석의 전통 전체의 중심이고 융의 생애와 연구의 핵심이기도 하다. 자신을 알라고 호소한 것은 현대 심리학이 처음은 아니다. 소크라테스는 "너 자신을 알라"라는 델피의 신탁을 반복해서 명확히 설명한다. 잠언은 어느 책에서도 그와 같은 것을 가르쳤다. 아우구스티누스는 분명히 심리학적인 날카로운 표현으로, 그중에서도 특히 "하느님께서 우리를 구원하시기 위해서는 그전에 우선 우리가 자신의 미명에서 깨어나야 한다"고 말했다. 현대 심리학의 유일한 강점은 그 명령에 새로운 옷을 입혔다는 것이다. 요점은 분명하다. 어떤 계획이나 성서 연구라도 시작하기 전에 자신이 누구인지 그리고 그 일이 무엇을 초래할 것인지를 아는 것이 중요하다는 것이다.

원숭이가 거울을 들여다보면 그 원숭이는 자신을 노려보는 다른 원숭이를 보게 될 것이라고 어떤 심술궂은 현자가 말했다. "성서는 누구에게나 어떤 시대에나 그들의 물음에 맞는 대답을 준다"[11]라는 바르트의 말은 똑같은 인식을 표현한 것이다. 편견이 없는 객관성을 주장하고 있음에도 불구하고 "물려받은 전통의 껍질을 몸에 걸치고 있다는 점에서는 고대세계의 시민과 똑같다".[12] 성서학자에게도 이 경고는 들어맞는다. 우리는 누구나 어디에서 어떤 일을 시작하든 특정한 전통, 틀에 박힌 가치, 개인적인 많은 문제, 적당히 조미가 된 세계관, 특별히 맞춘 콤플렉스, 그리고 인간성을 듬뿍 가지고 간다.

성서에 접근할 때에도 같은 점을 가지고 간다. 다른 길은 없다. 그러나 융과 성서 자체는 우리가 무엇을 가지고 갈지, 그리고 좋든 나쁘든 그것이 우리의 독서에 어떠한 영향을 주는지를 아는 것이 중요하다는 것을 이야기할 것이다. "덮개 아래 있는 것"을 알고, 그것과 타협해 나가는 것의 중요성이야말로 융의 생애에서 가장 분명하게 실현한 신탁이었다. 융의 판단에서는 예수가 가르친 것처럼, 악, 살인, 간음, 절도, 위증, 그밖의 수많은

---

[10] Merton, op. cit., p.19.   [11] 같은 책, p.25.
[12] Ernst Käsemann, *Perspectives on Paul* (Philadelphia: Fortress Press, 1971), p.35 참조.

악덕은 우리 마음에서 나온다는 사실을 인식하지 못하는 지각이 없는 사람은 성서의 이름으로 지나친 행위 — 학살, 마녀사냥, 이단화형, 십자군 — 를 가장 쉽게 하는 사람들이다. 성서에 접근할 때에는 다른 사람을 지키기 위해, 성서를 지키기 위해, 그리고 자기 자신을 지키기 위해 "읽는 이 사람은 누구인가"를 가능한 한 명확하게 파악하는 것이 중요하다.

저자인 그들은 누구인가?

신약성서학자의 한 사람인 히브리인들에게 보낸 편지의 저자는 여성이었다는 설을 제외하면 성서의 저자는 모두 남성으로 여성은 없는 것 같다. 그러나 이 사실도 저자가 제공하려는 것을 이해하기 위해서는 그렇게 중요하지 않다. 저자의 출생지, 국적, 직업이 절대로 필요한 것은 아니다. 성서의 저자에 대한 중요한 통계적 사실을 밝혀낼 수 있다면 흥미는 있겠지만 성서가 우리에게 이야기하려 하는 것이 무엇인지를 이해하는 중요한 임무에 관해서는 얻는 것이 별반 없을 것이다.

성서의 저자에 관해서 우리가 알고 싶은 것은 무엇이 그들에게 그렇게 쓰게 했는지, 그리고 어떤 현실, 진리, 인식을 우리와 나누려고 했는지 하는 것이다. 이러한 물음에 대답하기 위해서는 그들 자신이 살았던 시대와 장소의 종교적·문화적·정치적 풍토가 어떠했는지를 알 수 있는 역사 비판적 작업이 조금은 필요하다. 단, 자매학과인 심리학의 도움을 받아서 융이 표현한 것처럼 "인류는 하나이며, 하나의 프시케를 가지고 있다"[13]는 것을, 그리고 성서의 저자는 우리와 같은 원형적 욕구와 동경에 움직여서 유아기에서 중년, 노년으로 우리와 같은 길을 걸었다는 사실을 상기하는 것이 또한 필요하다. 유전학은 우리가 서로 클론 모델이 아니라는 사실을 전

---

[13] *CW* X, p.410.

하고, 심리학은 우리의 심적 구조가 다르다는 사실을 보여줄 것이다. 그러나 이러한 차이에도 불구하고 시간적으로나 공간적으로도 멀리 떨어진 성서의 저자와 대화를 할 수 있는 기반은 전체성과 거룩한 것을 향한 공통의 원형적 충동에 의해 표시된 영혼의 근본적 친근성이다.

  심리학적 · 신학적 비판도 성서의 저자에게서 우리가 무엇을 기대할 수 있는지에 대한 이해에 도움을 줄 것이다. 그들이 성서를 쓴 중요한 이유는 학자, 수필가, 역사가, 시인이기 때문이 아니라 그들의 생명에 거룩한 것이 영향을 주었기 때문이며, 그리고 이 경험을 공유하는 사람들의 공동체에 그들이 속해 있기 때문이다. 그들 고대 저술가와 우리 자신과의 관계는 자료의 전이轉移라고 하기보다는 성령의 전이라고 말할 수 있는 성질의 것이다. 그들의 희망은 이만큼의 거리가 있어도 여전히 그들의 마음과 공동체에 불타고 있는 말씀이 영혼의 연금술과 같은 것에 의해서 우리 안에 불을 붙이는 것이다.

성서해석을 위한 융의 기본 지침

성서학자로서가 아니라 "문외한으로서 그리고 수많은 사람의 심적 생활을 깊이 통찰하는 일을 허가받은 의사로서" 쓴다는 융의 단서를 앞에서 보았다. 그러므로 그는 성서해석 방법을 제시하는 것이 아니라, 문학, 미술, 꿈 그밖의 성서해석자가 성서에 접근하기 위한 도움이 될 수 있는 영혼의 "원문"에 대한 접근을 제안한다.

  이러한 원문에 대한 접근은 대상이 꿈의 "원문"이나 과학 논문이나 역사적이고 비판적 접근과는 다르다. 역사적이고 비판적인 접근을 융이 물리치려는 것은 아니다. 그의 논문은 원문과 저자의 배경, 원문의 어휘, 문법, 구문상의 특이성, 저자의 목적, 저자가 상정하고 있는 독자, 그리고 원문의 글자 그대로의 의미를 아우르는 역사적인 환경에 대한 깊은 관심을 보여주고 있다. 그러나 그의 주요 목적은 "영혼생활에 있어 원문의 의의"를 묻는 것이다.

이 물음에 대한 대답을 찾기 위해 융은 두 가지 해석학적 내지 분석학적 기술을 개발하여 확충amplification과 적극적 명상active imagination이라고 이름을 붙였다. 원래는 꿈의 "원문" 해석에 사용된 것인데, "모든 종류의 심리소와 신화소와 심적 구조의 연구"[14]에도 도움이 되는 기술이다. 우리를 위해 그것들은 성서에 대한 접근방법을 제시한다.

확충Amplification : 환자의 꿈의 상징, 이미지, 주제를 본인이 이해할 수 있게 돕는 작업중에서 융은 확충법을 개발했다. 꿈을 꾼 사람은 우선, 그 꿈에서 어떤 느낌을 받았는가, 무엇이 가장 중요하다고 생각하는가, 그것에 동의할 수 있는지의 여부를 질문받는다. 다음으로 "규제된 연상"의 과정으로 인도된다. 즉, 꿈의 이미지 하나하나에 대해서 가능한 연상을 전부 밝혀내고, 그 연상들이 본인에게서 어떠한 특정한 의미를 갖는지를 확인하는 방향을 지향한다.

확충은 주관적(또는 개인적) 단계와 객관적(또는 집단적) 단계로 나누어 행해진다. 주관적 단계에서는 꿈을 꾼 사람에게서의 그 꿈의 개인적 의미에 초점을 맞춘다. 그러나 꿈을 꾼 사람이 전혀 경험한 바 없는 이미지가 나타나는 일이 있다. 그것들의 성질은 신화적·환상적·우주적인 따위의 것인지도 모른다. 그 경우 융은 객관적 확충법을 가지고 신화학, 인류학, 민속학, 전설, 민족학, 종교적 전통에 대한 자신의 지식에 의지해서 그 꿈에 나타난 이상하고 당혹스럽게 하는 주제도 사실은 세계 문학이나 미술에 이미 알려진 것이고 인류에게 공통된 원형의 일람표 속의 항목과 관련하고 있다는 사실을 꿈을 꾼 사람에게 보여주려 했다. 짧게 말하면 확충이란 "규제된 연상과 인간학(상징론, 신화학, 신비주의, 민속학, 종교사, 민족학 등)에 의해 꿈의 이미지를 설명하고 명확하게 하는 것"[15]이다. 그 목적은 "상징의 의미와, 꿈, 공상, 환상, 회화, 그밖에 무엇이든 인간 작품의 원형적 뿌리를 이해하는 것"[16]이다.

---

[14] Jacobi, p.86. [15] MDR, p.391. [16] Hall and Nordby, op. cit., p.112.

성서해석자의 임무는 현대 독자를 위해 성서 원문의 의미를 확충하는 것이기 때문에 그 원문이 성서 저자의 생활에 개인적인 어떤 의미를 갖느냐 하는 것은 물론 고려하지 않는다. 그러나 성서해석자는 독자의 개인적 생활에서 원문의 의미를 탐색할 수 있고 또한 원문의 "집단적" 또는 "객관적" 세부사항을 설명할 수 있다.

개인적, 즉 주관적 단계에서 원문의 의미를 확충하기 위해서는 우선 원문을 정신차려 읽고, 다음에 여러 가지 이미지나 주제에 대한 모든 연상 가운데서 자신의 개인적인 상황에 대해서 가장 확실히 말하고 있는 것을 식별한다. 성서연구 모임은 원문을 공동으로 검토할 때 이 주관적, 즉 개인적 확충법을 공통으로 이용했다. 이 방법에 의하면 다른 방법으로는 결코 의식에 떠오르지 않을지도 모르는 연상과 의미를 인식할 수 있다.

객관적, 즉 집단적 단계에서 원문을 확충하는 데는 꿈의 해석의 경우와 같이 영혼의 성장단계나 시기, 영혼에 영향을 주는 원형적 주제에 정통한 전문가의 도움이 필요하다. 이와 같은 원형적 주제를 다룰 때의 성서해석자의 기능은 교회의 경험이 풍부한 보고寶庫에 더해서 신화와 종교의 전통에서도 이끌어낸 비교상징론에 의해서 그 의미를 확충할 수 있다. 교회 내부에서 성서의 원형적 주제의 객관적, 즉 집단적 확충을 제공하는 기능은 설교가와 교사가 수행해왔다. 그들의 사명은 성서의 중대한 주제가 교회의 중대한 주제에 어떻게 반영되고 있는지를 설명하는 것이다. 인간의 역사 전체 안에서도, "하느님의 계획" 범위 안에서도 성서의 주제는 개인과 공동체의 역할과 관계가 있기 때문이다.

좀더 개괄적으로 말하면 확충과정은 원문에 시간을 들이고 귀를 기울이는 것, 세부에 주목하고 다가적多價的 주제에 민감하면서 의미를 넓히고 깊이를 탐색하는 필요성을 제시한다. 성서의 이미지, 이야기, 상징에는 저자도 이전 시대의 독자까지도 몰랐던 의미의 깊이가 있을지도 모르는 것을 확충기술은 상기시킨다. 융은 그 예로 "자신은 알고 있는 것만을 말하고 있는 것이라고 생각하나 실제로는 알고 있는 것보다 많은 것을 말하고 있는"[17] 시인의 흔히 있는 경험을 들고 있다. 따라서 이사야나 바울로, 에제키엘 그리고 묵시록의 저자는 그들의 자각을 훨씬 넘어서 있어서 몇 년 또는 몇 세기 후에나 돼서야 이전에는 깨닫지 못했던 그 깊이를 깨달은 독자의 영혼 속에서 겨우 쉽게 될 이미지들을 종종 언급했다고 생각할 수 있다. 율법에는 두 종류, 즉 구전율법과 성문율법이 있고 구전율법은 연구자가 성문율법의 깊이를 이해하면서 몇 세기를 거쳐 점차로 밝혀진다고 랍비에게 제안하도록 한 것은 바로 계시된 토라*의 다가성polyvalence을 강조하는 이러한 인식이다. 로마 가톨릭 전통 안에서도 최초의 계시사건 초기부터 지각되지 않은 진리의 노작이라는 의미에서 교리 발전에 이 확충기능이 작용하고 있다고 인정된다. 원문의 확충에 의해서 발견되는 주제는 개인이라는 소우주에 관해서만이 아니라 성서가 항상 우리의 주의를 끄는 의미와 신비라는 보다 폭넓은 차원에서의 우리의 여행과 역할이라는 대우주적인 관점에서도 의미깊게 되풀이되어 나타난다.

적극적 명상active imagination: 확충이 꿈의 이미지를 해명하는 것을 목표로 하는 것과 달리 적극적 명상은 그 이미지를 새로운 매체에 의해서 시각적 또는 청각적인 형태로 표현하고자 한다. 융은 널리 인용되는 다음의 문장에서 적극적 명상의 핵심을 포착하고 있다. "우리가 할 수 있는 최상의 것은 신화를 계속해서 꿈꾸고 그것에 현대적인 옷을 입히는 것이다."[18]

융에게서 무의식이란 상상력의 저장고로서 여기서 공상, 장래에 대한 비전, 새로운 착상, 그리고 직관이 나온다. 이것들은 거기에, 말하자면 잠재적인 형태로 숨어 있고 의식의 일면성이 그 보상으로서 이러한 존재를 필요로 할 때 나타난다. 무의식은 가장 순수한 형태로 꿈에 나타난다. 그러

---

[17] *CW* XV, p.74.

* Torah: 율법. 이 개념은 반드시 일정하지는 않다. 구전율법 Mishnah에 대해서 성문율법을 말하는 경우도 있고, 양쪽을 합해서 Torah라고 하는 경우도 있다. 구약성서의 처음 5개 문서(모세 5경)을 Torah라고 부르는 경우도 있다.

[18] Philipson, op. cit., p.65, n.36에서 인용.

나 꿈은 우리가 원하는 것처럼 항상 무의식의 "의도"를 명료하게 제시하지 않는다. 그러한 경우에 융은 적극적 명상을 사용하라고 한다. 다시 말해 상상력을 활동시켜서 환자로 하여금 무의식의 내용을 끌어내고 채색화, 점토에 의한 조형, 춤, 자유 작문, 이야기하기 또는 자연환상 등 구체적 형태로 표현하기를 권한다.[19] 이러한 전략에 의해서 자기의 의식적 측면을 사용해서 무의식 측면의 개시되지 않은 내용의 일부가 표현되도록 하면 그 내용을 의식이 검토하고 그때의 문제에 대처하기 위한 수단으로서 이용될 수 있을지도 모른다. "머리가 헛되이 싸워온 수수께끼의 해결방법을 손이 알고 있는 경우가 종종 있다"[20]고 융이 말하는 대로이다.

적극적 명상을 실행해 보면, 이것이 실로 얼마나 놀라운 수단인지를 알게 된다. 예를 들면 베네트E.A. Bennet는 우리가 그림, 디자인, 조각, 시 등을 "결과를 예상하지 않고" 시작하여 "곧 꼴을 갖추기 시작하면 이것들은 생명을 얻어 말로는 표현할 수 없는 것을 표현하게"[21] 된다고 말한다. 우리는 자신이 깨닫고 있는 이상으로 이 감추어진 무의식의 원천에 의지하고 있다고 융은 주장한다. 일상적 대화 가운데서조차 "어디에선지 모르게" — 무의식적인 것을 우리는 이렇게 표현한다 — 우리 마음에 나타난 훌륭한(또는 유감스러운) 관념에 우리는 놀란다.[22] 놀랄 만한 것은 "생각에 떠오르는" 이러한 관념이 종종 일상 문제에 새로운 빛을 던진다는 것이다. 적극적 명상은 우리가 이러한 잠재의식의 내용을 각성하고 적어도 그 일부를 점검할 수 있게 한다. 그림을 그리는 것, 점토의 모형을 만드는 것은 "프시케의 내면세계에로 떠나는 발견 여행"과 같은 것이다. 도중에 이전이라면 난처했을 기분이 그 의미가 느껴지고, 직관적으로 즉각 이해되었기 때문에 감지될 수 있다.[23]

자기의 무의식적 심층과 접촉하는 기술로서의 적극적 명상은 융이 발견한 가장 중요한 것 중의 하나라고 생각된다. 아우구스티누스는 영혼을 가리켜서 헤아릴 수 없는 관념의 보고라는 말을 했는데 그 말이 여기서도 느

---

[19] *CW* VIII, pp.77-91.   [20] 같은 책, p.86.   [21] Bennet, op. cit., p.112.
[22] 같은 책, pp.107-8.   [23] 같은 책, pp.109-10.

껴진다. 아우구스티누스는 이렇게 쓰고 있다. "내가 거기에 관여하여 마음 내키는 대로 무엇이든 내놓으라고 청하면 어떤 것은 당장 나오기도 하고 어떤 것은 깊숙한 구석에 숨어 있었던 것처럼 한참 찾은 뒤에야 나오기도 하고, 또 어떤 것은 무더기로 나오는 수도 있다. 그럴 때마다 나는 내가 원하는 것이 어김없이 나올 때까지 그것들을 마음의 손으로 쫓아버리곤 하는 것이다."[24] 여기에는 동양의 선(禪)이나 탄트라 요가, 서양의 이냐시오 영성수련이나 중심을 향한 기도와의 친근성도 있다. 이 모든 것은 어느 것이나 영혼을 불가사의하지만 풍부한 상상의 원천임을 인정한다.

적극적 명상의 기술과 성서해석자와의 관계는 벌써 오래되었다. 교회는 적극적 명상이라는 말만을 사용하지 않지만 교회에 속한 음악가, 극작가, 미술가, 전례학자, 설교가, 교사들에게 자신의 상상력에 의지해서 성서의 진리를 표현하는 새로운 방법, 새로운 형식을 찾도록 이전부터 권장해왔다. 원문의 진리는 여러 가지 형태로, 객관주의적 예술로, 추상예술로, 시각적 예술로, 조형예술로, 언어 표현이나 비언어 표현으로, 음악의 형태나 춤의 형태로, 시, 소설, 이야기, 연극으로 전해질 수 있다는 사실을 적극적 명상은 성서해석자에게 깨닫게 한다. 더욱이 이러한 형식이 모두 기묘하게 생각이 깊은 관점을 대표하고, 그 특수한 성격에 의해서 다른 분야나 표현 양식으로는 붙잡을 수 없는 것을 원문에서 간파하고 끌어낼 수 있다는 것도 깨닫게 한다. 적극적 명상은 프시케가 가지고 있는 것 중에 오직 하나의 음조나 악기로만 연주하는 것을 거부한다. 영혼의 악기 전체를 시험해 보고, 어떻게 특유한 방법으로 내용을 파악하고 표현하는지를 설명한다.

확충과 적극적 명상의 기술은 둘 다 영혼을 위한 원문으로서의 성서에 접근하는 데에 있어서 필요한 두 가지 요소, 즉 충분히 원문에 귀를 기울이는 기술과, 상상력을 집중할 수 있는 방법을 모두 사용해서 원문의 의미를 해석하는 기술을 제시한다.

---

[24] James Hillman, *The Myth of Analysis* (Evanston, IL: Northwestern University Press, 1972), p.189. 인용은 『고백록』 X.8.

확충과 성서를 듣는 기술

다가적인 깊이를 지닌 원문으로서의 성서는 개인적인 양상과 집단적인 양상으로 자기에게 말을 걸어오기 때문에 융의 확충법은 경청하는 것 — 사려깊고 감정이입적이며 폭넓고 전체적이고 기도하는 마음으로 — 의 필요성을 강조한다.

사려깊은 경청: 꿈의 "원문" 해석에는 세부에 주의를 기울이는 것이 중요하다. "의미를 해독할 수 있는 전체상을 형성하고자 한다면" 꿈의 모든 요소도 확충하지 않으면 안된다고 융은 주장한다.[25] 성서에 접근할 때에도 마찬가지이다. 성서는 쉬운 말로 쓰여졌기 때문에 아무런 생각 없이 빨리 읽는 일은 어렵지 않다. 그러나 그것으로는 많은 것을 잃게 된다.

마크 링크Mark Link는 성서의 내용을 잘 이해하는 데 시드니 피딩톤Sidney Piddington이 『최고 느린 독서의 독특한 기쁨』*The Special Joys of Super-Slow Reading*이라는 책에서 추천하는 독서방법을 소개한다. 피딩톤은 싱가포르의 일본군 전쟁 포로수용소에 있으면서 이 기술을 개발했다. 그는 포로가 되기 직전에 가지고 있던 유일한 한 권의 책 임어당의 『삶의 소중한 것』*The Importance of Living*을 배낭에 넣었다. 피딩톤은 이렇게 쓰고 있다.

> 마침내 어느 날 저녁 해가 떨어지자 나는 수용소 안마당으로 나가 장작더미에 앉아 수용소의 환한 불빛 아래에서 천천히 책을 펴고 책의 속표지와 그림을 보았다. 서문을 읽는 데 세 기간을 쓰고 목차 — 장의 제목과 멋진 소개가 세쪽 반에 이른다 — 에 꼬박 이틀 저녁을 걸려서 겨우 첫째 쪽에 이르렀다.

2주간이 지났는데도 그는 겨우 10쪽을 읽었을 뿐이었다.

---

[25] *Jacobi*, p.86.

이 최고 느린 독서 자체에서 내가 얼마나 많은 것을 얻고 있었는지를 깨닫기 시작했다. 때로는 한 어구가, 때로는 한 문장이 내 주의를 붙잡는다. 그것을 천천히 읽고, 분석하고 또 한 번 읽고 — 아마 기아를 다시 저속으로 바꾸어 넣고 — 그리고 앉아서 그것을 20분 정도 생각하고 나서 겨우 다음으로 넘어간다. … 몸은 포로가 되었지만 마음은 자유롭게 세상을 돌아다닌다는 인식이 이해되기 시작했다.[26]

시간이 지나면서 그는 책의 깊이에 도달할 수 있었다. 또한 책이 그의 영혼의 조직에 침투할 수 있게 되었다.

감정이입의 경청: 환자의 특별한 진상을 이해하기 위해 치료사에게는 많은 것이 요구된다고 융은 말하고 있다. 관찰자인 것만으로는 부족하다. 양자를 포함하는 과정의 "공동참여자"가 되어야 한다.[27]

성서에 대한 접근도 마찬가지로 객관적인 것만으로는 부족하다. 저자가 우리에게 이야기하려는 것을 이해하는 데는 감정이입 접근을 계발해야 한다. "이해한다"understanding는 것은 그 말을 이해하기를 바라는 상대와 "함께", 그 사람 "아래"에 있는 것이다. 그들의 상태를 생각하고 그들의 의문을 그들과 함께 묻고, 그들의 꿈에 맞서서 그들이 씨름하고 있는 문제점과 싸우는 것이다. 성서를 이해한다는 것은 성서 저자의 지각에 의해서 우리 지각을 확충하는 것이다. 그들은 우리 자신과 마찬가지로 자신이 신성한 것에 의해서 이야기된 이야기의 일부라는 사실을 이해하고 있다.

폭넓은 경청: 성서는 벌써 19세기 이상에 걸쳐 수많은 사람들의 마음에 수많은 방법으로 불꽃이 타오르게 하고 있다. 그 수數나 작용도 전문적 성

---

[26] Mark Link, S. J., *You: Prayer for Beginners and Those Who Have Forgotten How* (West Los Angeles, CA: Argus, 1976), pp.36-7.

[27] *CW* XVI, p.8, *MDR*, pp.132 이하도 참조.

서학자에 국한된 것도 아니다. 화가, 조각가, 전례학자, 영적 지도자, 신학자, 음악가, 극작가, 시인, 소설가, 설교가, 성인, 사목자, 건축가, 성가 작가, 전도자, 정치가, 철학자, 교황, 주교, 그밖에 빵집, 촛대 만드는 사람들, 모든 직업의 남녀가 하느님의 말씀에 감동되어 응답했다. 성녀 데레사St. Teresa와 엡스타인*, 셰익스피어Shakespeare, 카잔차키스**, 미켈란젤로Michelangelo, 십자가의 성 요한St. John of the Cross, 마르치온***과 키에르케고르Kierkegaard, 쉴라이어마허Schleiermacher, 떼이야르 드 샤르댕Teilhard de Chardin, 아우구스티누스Augustinus와 라너Rahner, 아퀴나스Aquinas와 틸리히Tillich, 풀톤 쉰Fulton Sheen과 빌리 그레이엄Billy Graham, 파솔리니Pasolini와 데밀DeMille, 성 프란치스코St. Francis와 알베르트 슈바이처Albert Schweitzer, 마르틴 루터Martin Luther와 마르틴 루터 킹 2세Martin Luther King, Jr, 요한 23세John XXIII와 칼 바르트Karl Barth, 윌리엄 부스 장군Gen. William Booth과 존 웨슬리John Wesley 그리고 수많은 설교가, 성서주해자, 성서 이야기의 작자, 보통 성서 독자 모두가 감동되어 성서에 응답했다. 그들은 수많은 지점에서 출발해서 성서 아래 모여 각기 다른 음조音調로 하느님의 말씀을 들었다.

오늘날 성서를 경청한다는 것은 다른 사람들이 각 시대에 들은 것에 경청하는 것도 포함한다. 그 음색이 일치하는 경우도 있지만 자신이 듣지 못한 소리를 발견하는 경우도 있다. 과거의 청취는 현재의 보물이고 그것에 의해 우리는 성서에서 나올 수 있는 소리의 기록을 확대할 수 있다. 그리고 아직 듣지 못한 소리를 알아차리는 것은 단련일 뿐 아니라 격려이기도 하다.

전적인 경청: 융이 현대 서구인에게 줄 수 있는 가장 중요한 교훈의 하나는 이해하는 데 있어서 합리적 사고 이상의 것이 필요하다는 것이다. 융의

---

* Jacob Epstein (1890~1955): 영국의 조각가. 성서와 문학에서 많은 주제를 취하고 있다.

** Kazantzakis (1883~1957): 그리스의 소설가, 시인, 극작가. 「그리스인 조르바」로 잘 알려져 있다.

*** Marcion: 초대교회의 영지주의적 이단 사상가.

4가지 기능설은 우리가 확실히 사고에 의해서 진리에 이르기는 하지만 그것이 전부가 아니라 감각, 감정, 직관에 의해서도 진리에 이르는 길이 있다는 것을 제시한다. 성서의 진리에 이르는 길도 같은 4가지이다.

성서는 확실히 사고를 요구한다. 잠언의 지혜를 이해하기 위해서, 바울로의 랍비적 논의를 따라가기 위해서, 이스라엘과 유다 왕들의 계보를 풀기 위해서 또는 난해한 대목이나 어구를 해석하기 위해서 사고가 필요하다. 그러나 성서 안에는 오로지 사고만으로는 밝혀지지 않는 진리도 있다. 그러한 진리를 이해하는 데는 다른 기능이 필요하다.

감각기능이 없으면 아가의 사랑의 배경, 타볼 산과 헤르몬 산에 대한 언급, 들의 백합, 별이 총총한 하늘, 마음을 기쁘게 하는 포도주, 얼굴을 빛내는 향유, 마음의 힘을 돋우는 빵에 대한 암시는 의미가 없을 것이다. 묘지의 악령이 부르짖는 소리, 언덕 위의 세 개의 십자가, 땅에 떨어진 참새의 이야기도 의미가 없을 것이다. 육화肉化 자체도 단순한 관념일 때는 힘이 없다. 결국 "관념"이 되었지만 육화란 제자들이 인간 예수와 함께 먹고, 걷고, 생활하며 그 몸에 접촉했을 때 감각이 처음으로 알게 된 진리에서 비롯된다.

감정의 기능은 성서이해에 절대로 필요하다. 미가Micha 예언자가 "이 사람아, 야훼께서 무엇을 좋아하시는지, 무엇을 원하시는지 들어서 알지 않느냐? 정의를 실천하는 일, 기꺼이 은덕에 보답하는 일, 조심스레 하느님과 함께 살아가는 일"(미가 6,8)이라고 제시했을 때 그가 주로 호소한 것은 합리적 사고도 감각도 아니다. 이 호소를 이해할 수 있는 것은 자기 안의 옳음과 잘못, 선과 악, 건전함과 병이 든 것을 구별하는 측면뿐이다. 성서의 많은 부분이 특히 예언자와 예수는 분명히 감정기능을 유발해서 지적이고 감각적으로만이 아니라 도덕적으로도 민감하게 되도록 그리고 무엇이든지 참된 것과 고상한 것과 옳은 것과 순결한 것과 사랑스러운 것과 영예로운 것과 덕스럽고 칭찬할 만한 것을(필립 4,8) 생각하도록 우리를 유인한다. 감정이 지력보다 우위에 있을 수 있다는 지혜에 대한 다음과 같은 통속적인 표현도 있다. "성서 안에는 어쩌면 내가 이해할 수 없는 것들이 있다. 성서 안에는 내가 이해한다고 생각하는 것들도 있다. 그리고 성서 안에는 어쩌면 내가 잘못 해석하는 것들도 있다."

직관기능은 모든 성서이해의 기초이다. 제6감과 내적 비전을 지닌 직관적인 사람은 경험의 범위를 넘어서 귀가 들은 일도 눈이 본 일도 없는 것에 대해서 대담하게 말한다. 쇠사슬에 묶여서 로마로 가는 길에서 고백한 바울로의 신앙과 성전 지성소에서 이사야가 본 환시와 죽음의 골짜기에서 시편 시인이 고백한 확신은 내적 비전이 없이는 생각할 수 없다. 창세기의 우주창조 이야기에서 묵시록의 종말론적인 이야기까지 그 내용을 이해하고 하느님의 말씀을 듣기 위해서 직관은 필수적이다.

기도하는 마음으로 경청: 성서를 읽고, 생각하고, 성서로 기도하는 습관은 그리스도교의 전통 안에서도 오랜 것으로서 일부는 lectio divina(거룩한 독서)라고 불린 수도원의 관행이 기초가 되었다. 바실 페닝톤Basil Pennington은 이것을 성서에 대한 수동적 접근이라고 말하고, 목적은 정보를 자기 것으로 하기보다 오히려 하느님의 말씀에 대해 마음을 여는 것이라고 한다. 또는 클레르보의 베르나르도의 표현에 의하면 "하느님 말씀의 방문"[28]에 대비하는 것이다. 영혼의 책이라는 융의 성서관과 일치하는 경청자세를 준비하는 것이다.

의식적인 기술은 대부분 좋은 습관이므로 "성서로 기도하는" 절차는 여러 가지로 제안되어 왔다.[29] 기본적 정신은 3단계로 나뉜다. 1단계는 한 장, 몇 개의 단락, 또는 몇 개의 절을 읽는다. 2단계는 몇 가지에 대해서 기도한다.

---

[28] M. Basil Pennington, O. C. S. O., *Daily We Touch Him* (Berkeley, CA: Image Books, 1979), pp.33-41.

[29] 예를 들면 N. D. McCarter, *Help Me Understand, Lord: Prayer Responses to the Gospel of Mark* (Philadelphia: Westminster Press, 1978); the New Testament commentary series *Pray and Read* (Chicago: Franciscan Herald Press); National Catholic Reporter cassette tape by Eugene LaVerdiere, *Praying with the Scriptures*; George Martin, *Reading Scripture as the Word of God* (Ann Arbor, MI: Word of Life, 1975)을 보라.

즉, "하느님과 대화한다". 『성서를 하느님의 말씀으로 읽기』Reading Scripture as the Word of God 가운데서 조지 마틴George Martin이 그의 기술을 설명한다.

> 정해진 대목의 읽기를 마치면 기도로 옮기고 마음에 둔 절로 하나씩 돌아가서 그것을 소재로 성찰한다. 그것들의 절을 통해서 주님께서 나에게 말씀하시고자 하는 것에 귀를 기울이고 그것들에 입각해서 기도한다. 나의 경험으로는 성서의 아무리 무미건조하게 생각되는 대목에도 새롭게 감동을 일으키고 기도의 양식을 제공하는 무엇이 있다. 채택한 대목에서 기도의 기초가 충분히 제공되지 않으면 다음 대목으로 옮긴다. 그러나 항상 그런 것은 아니지만 그것이 나를 위해 마련한 메시지와 함축된 의미를 거듭해서 찾을 때, 때때로 첫째 대목은 나의 기도 시간을 채울 충분한 재료를 제공한다.[30]

기도는 영혼이 집중하는 행위다. 성서로 기도를 훈련하는 것이 하느님의 말씀을 듣고, 거기서 말씀하시는 분의 현존에 가까이 가기 위한 가장 훌륭한 방법 중의 하나다.

적극적 명상과 성서를 선언하는 기술

융의 적극적 명상법은 성서의 원문 해석에는 여러 가지 방법이 있을 수 있음을 가르친다. 이 사실을 처음으로 제시한 사람 가운데 랍비들이 있다. 그들에게 있어서 성서는 여러 면을 지닌 보석이었다. 빛에 비치고 여러 각도에서 보면 새로운 색조를 발하고 기대하지 않았던 색채가 반짝거린다. 어떤 빛은 양심을 비추고, 어떤 빛은 영혼과 그의 갈망을, 또는 개인과 공동체의 매일의 문제를 비추고 또 인간 여행의 출발점과 운명에 대한 통찰을 제공할 것이다. 그것들의 접근 가운데에 하나는 "분명하게 한다"to make

---

[30] Martin, op. cit., p.85.

plain는 의미의 peshat라는 것인데 그것은 성서의 문자 그대로의 의미에 초점을 맞춘다는 것이다. 둘째 접근은 remez "힌트"hint라고 부르고 성서의 이야기와 자신의 상황과의 과정적인, 또는 개인적인 유사를 가리키는 우화적 또는 유형적 의미를 찾아내는 것이다. 셋째 접근은 가장 넓게 쓰여지는 것으로서 "데라쉬"derash(탐구) — "미드라쉬"*라는 말은 이 말에서 나왔다 — 라고 부르고 힐렐**의 일곱 가지 법칙을 사용해서 율법에서 생활에로 올바른 추론을 한다. 넷째 방법은 sod "비밀"secret이라고 부르고 그것은 신성한 신비를 탐구한다.

이러한 통찰에서 출발하여 그리스도교 학자는 16세기에 걸쳐서 — 오리게네스Origenes, 클레멘스Clemens, 히에로니무스Hieronymus, 아우구스티누스Augustinus, 알베르투스 마뉴스Albertus Magnus, 토마스 아퀴나스Thomas Aquinas, 마르틴 루터Martin Luther도 포함한 — 4가지 성서해석 방법, 즉 자의적·우화적·도덕적·신비적 방법이 행해져 왔다. 각각의 기능을 종합한 라틴어 4행시가 있다.

> Litera gesta docet;
> Quid credas allegoria;
> Moralis quid agis;
> Quo tendas anagogia.

번역해 읽으면:

> 문자(읽는 것)는 과거를 가리킨다.
> 우화적인 것은 우리가 믿는 것
> 도덕적인 것은 우리가 해야만 하는 것
> 신비적인 것은 우리가 갈망하는 것을 가리킨다.

---

* Midrash: 유대어의 탐구를 의미한다. 문서의 자구대로의 의미보다 더 깊은 의미를 탐구하고자 하는 유대교의 정전 해석법.
** Hillel: 기원 1세기경의 바리사이파 율법학자.

중세의 큰 비극의 하나는 우화적 방법이 남용된 것이다. 성서와 아무런 관계도 없는 형이상학적 교리, 정치 이론, 사회적 교설을 정당화하기 위해 교회는 우화적 방법의 힘을 빌렸다. 그 결과 이 방법에 대한 회의적 자세가 생겨서 자의적 해석이 호의를 얻게 되어 그밖의 것은 모두 무시되었다. 우화, 도덕, 신비에 대한 금기는 특히 성서학자 사이에서는 20세기까지 이어진다.

그러나 우리는 융과 다른 사람들의 도움으로 성서비평학의 뛰어난 사람들 사이에서조차 원문에 대한 엄밀히 자의적인 접근만으로는 불충분하다는 것을 인정하는 점에까지 이르렀다.[31] 이것을 성서 저자들은 오래전에 알고 있었다.[32] 그리고 전통이 끊임없이 확인해 왔다. 한편으로는 원문의 자의적 해석을 하는 임무가 성서학자에게 맡겨졌고 또 한편으로는 우화와 도덕을 가르치고 정신을 고양시키는 임무는 설교, 성서 이야기, 신비극, 전례, 칸타타, 스테인드 글라스, 회화, 상像을 만드는 사람들에게 맡겼다. 그리고 이 모든 것이 확실하게 문자를 읽는 것보다 그 합법성에 있어서 의문이 생기지 않을 만큼 훨씬 많은 것을 성서에서 보고, 느끼고, 감각하고, 직관할 수 있다는 사실을 증명하였다.

교회 — 와 성서학자 — 의 지혜는 결국 가지고 있는 능력을 다해 성서를 해석하는 임무에 달렸다. 우선 많은 학자들을 배치해서 과학적 비판으로 성서를 포위하고, 그 원문을 사랑하는 사람이면 어떤 사람에게나 귀중한 역사적

---

[31] 예를 들면 John Reumann, "Methods in Studying the Biblical Text Today", *Concordia Theological Monthly* XL (1969), pp.655-81 참조. 설교를 하면 "그 장구(章句)가 우의적인 또는 예형적인 취급에도 적합한지 여부를 고려"하지 않으면 안된다고 저자는 쓰고 있다. 또 하나의 예를 들면 Raymond E. Brown, *The Gospel According to John, I-XII*, Vol.29, Anchor Bible (New York: Doubleday & Co., 1966)를 참조하라. 저자는 루돌프 불트만의 "애제자"상의 우의적 내지 상징적인 해석에 주목하고 유사한 해석을 말하고 있는 그레고리우스 1세의 해석학을 이어서 들고 있다(pp.xciv f). 저자 자신은 요한 복음서 1장 51절에 관해서 "비유적인 의미를 찾지 않으면 안된다"고 말하고 있다(p.89).

[32] 히브리서의 저자는 이사악 이야기를 죽은 자 가운데에서 누군가를 되찾은 이야기로서 "비유적으로" 해석할 때 분명히 알레고리를 사용하고 있다. 바울로는 알레고리로 사용하거나(갈라 4,24), 예형론을 사용하거나(로마 5,18) 한다. 노아의 구원을 세례식에 비유하거나(1베드 3,20 이하), 멜기세덱을 그리스도에 비유하거나(히브 7,1-17) 하는 예형적 비교 참조.

비밀을 가져오는 데서 시작해야 한다. 그러나 또한 도덕적 신학자, 설교가, 예언자도 배치해서 양심의 눈을 뜨게 하고, 성서의 도덕적 정열이 어떻게 오늘의 도덕적 행위로 전환될 수 있는지를 제시해야 한다. 또한 화가, 조각가, 전례학자, 시인을 적당히 사용해서 그들의 훌륭한 예술로써 우리의 어두운 마음을 차단하고, 우리의 마음이 둔해질 때 그 진리로써 우리의 감각을 매혹하지 않으면 안된다. 그리고 영적 지도자, 카운슬러, 사목자, 세상에 알려지지 않은 많은 성인들까지도 적당히 사용해서 성서를 읽고, 하느님 말씀에 귀를 기울이고, 그 진리가 우리의 삶이 되도록 기도하는 것을 가르쳐야 한다.

성서를 기탄없이 표명함

이것은 아마 실화일 것이다. 미국 최남부의 웅변적이고 강력한 설교를 하는 흑인 설교가가 설교 준비는 어떻게 하느냐는 질문을 받고 이렇게 대답했다. "우선 완전히 읽습니다. 그 다음에 침착하게 생각합니다. 그리고 겸손하게 기도합니다. 그리고 나는 기탄없이 표명합니다."

성서해석 작업과 순서를 이만큼 정확하게 표현한 말은 없다. 읽고, 생각하고, 기도하는 필요한 과업이 끝난 성서해석자는 한걸음 더 나아가 "기탄없이 표명하는 것"을 요청받는다. 어떤 분야의 전문가도 인정하지만 "기탄없이 표명"하는 절정행위는 활기를 띠게 함과 동시에 그 자체로서 교육적일 수도 있다. 거기에는 용기, 자유의 감각, 일정한 자신이 필요하다. 거기에는 원문이 "성취"되지 않으면 — 즉 철저히 추구되고 달성되지 않으면 — 안된다는 확신에서 생기는 성취의 전율과 공포가 따른다.

이 원형적 과제를 달성했다 해도 융이 경고하고 있는 것처럼 우리는 이야깃거리가 떨어졌다든가, 완전히 이야기를 다 했다든가 하는 환상에 굴복해서는 안된다. 우리가 노력해서 달성할 수 있는 것은 훈련, 경험, 직관, 연구, 기도에서 생기는 독특한 은유를 사용해서 하느님의 말씀을 어느 정도 훌륭하게 번역하는 것이다. 이것은 수행되어야 할 과제이고 게다가 성서해석자의 과제이기도 하다. 융의 견해에 의하면 성서해석자는 대담하게 하느님의 말씀을 꿈꾸어 영혼에게 하느님을 의식시키는 일을 희망을 가지고 전진하지 않으면 안된다.

시편의 저자는 그것을 이렇게 표현하고 있다.

새 백성이 하느님을 찬양하도록
오는 세대를 위하여 이것을 기록해 두어라(시편 102.18).

제7장

융이 본 하느님, 성서, 자기自己

그는 성서의 계명을 자기의 지침으로 삼고, 성서가 정한 대로, 조상들이 가르친 대로 하느님을 믿었다. 그러나 성서나 교회도 초월한 전능하시고 자유로우신 하느님, 그 자유에 참여하기를 요구하시며 직접 체험할 수 있는 살아 계신 하느님을 그는 몰랐다. ─『회상, 꿈 그리고 사상』[1]

유성이 태양 주위를 돌 듯이 나의 생각은 모두 하느님 주위를 돌며 하느님께 이끌려 저항할 수 없다는 것을 나는 깨달았다. ─『회상, 꿈 그리고 사상』[2]

그리스도교 신자는 자기 자신과 자신의 무의식 사이에 교회와 성서를 둔다.
─『인간과 상징』[3]

중국학자 어윈 루셀Erwin Rousselle은 어느 도교 비밀결사의 교사 밑에서 받은 학습과정에 대해서 말하고 있다. 과정이 끝나면 교사는 수강생 한 사람 한 사람에게 선물을 주었다. 중국인 학생에게는 중국어 책을, 유럽인인 루셀에게는 성서를 한 권 주었다.[4] 이렇게 함으로써 도교 선생은 성서와 서구정신 사이에 오랜 세월 동안의 관계가 있다는 사실을 인정한 것이지만 또한 정신적·문화적인 뿌리가 서양에 있는 인간 영혼 육성에는 동양의 어떤 종교적 책보다도 성서가 더 어울린다는 판단을 표시한 것이다. 이 판단에 융도 동의했다. 그는 자신의 개인적 생활 가운데서 이것이 사실임을 경험

---

[1] *MDR*, p.40.   [2] 같은 책, p.xi.   [3] *M&S*, p.101.
[4] Schaer, *Religion and the Cure of Souls*, p.127.

했다. 동양의 종교책과 신지학Theosophy에 끌리면서도 자기 자신의 내면생활을 육성하고 지탱하는 데 있어서는 성서 말씀과 상징, 원형적 형상과 이야기에 끌려가는 것을 느꼈다.[5]

그러나 성서에 대한 이러한 깊은 이해에도 불구하고 이해하는 방법과 사용하는 방법에 따라 성서는 서구사회에 있어 축복임과 동시에 해악이 될 수 있다는 사실에 융은 눈을 떴다. 이 생각은 1961년에 완성한 마지막 중요한 논문「무의식에 대한 접근법」에 표명되었다. 이 논문에서 융은 성서는 그것을 사랑하는 사람은 누구든지 읽고 생각할 가치가 있는 책이라는 것과 그가 일생에 걸쳐 만난 3가지 위대한 실재들 — 하느님, 성서, 자기 — 간의 관계에 대한 그의 사상의 요지를 다루고 있다.

"그리스도교 신자는 자기 자신과 자신의 무의식 사이에 교회와 성서를 둔다"[6]라고 융은 쓰고 있다. 전후관계에서 보면 이 문장은 전세계의 모든 그리스도교 신자에 대해서 말하는 절대적 주장이 아니라 오히려 그리스도교 신자는 다른 사람으로부터 하느님에 대해서 들은 것과 다른 하느님을 경험했을 때 그것을 미리 억제하는 일이 너무 많다는 융의 판단을 설명한 것으로 보아야 한다. 이 문장은 "그리스도교 신자는 자기 자신과 자신의 거룩한 것의 경험 사이에 교회의 성서를 두려고 하는 경우가 너무 많다"고 고쳐 말해야 할 것이다. 융은 교회와 성서를 비난하는 것이 아니다. 융은 이 둘을 계시사건에 필수적이고 바꿀 수 없는 증언으로 중시한다. 융이 말하는 것은 생각을 잘못하면 교회나 성서라도 거룩한 것의 경험을 촉진하기보다는 방해할지도 모른다는 것이다. 교회나 성서도 잘못된 해석에 서면 하느님이 우리 시대와 장소를 위해 개인의 영혼 깊은 곳에서 나타내려는 것의 해명을 돕는 것이 아니라 오히려 장애가 될 수 있다.

물론 역사적으로 개신교는 적어도 융이 말한 것의 반, 즉 교회는 때때로 그 자신과 (개인의) 거룩한 것의 경험 사이에 위치할 수 있다는 것에 동의

---

[5] 융의 성서 사용방법에 대해서 1장에서 말한 곳을 보라.   [6] *M&S*, p.101.

할 것이다. 루터, 칼뱅, 후스, 그밖의 수많은 사람들이 어떤 문제에 대해서 공적 교회의 빛보다는 자신의 양심의 빛에 따르는 쪽을 선택해야 한다고 생각했다. 예언자들은 자신의 개인적 경험에서 공적 종교가 바치는 제물이나 노래보다도 정의와 공정을 하느님은 즐기신다고 확신했다. 제도화된 교회가 예언자와 성인에게 계시된 하느님의 진리에 장애가 되고 있다는 의견은 프로테스탄트의 정신과 무관한 것이 아니다.

그러나 성서는 어떠한가? 성서도 신자와 거룩한 것의 경험 사이에 위치해 있을 수 있는가? 융은 "그렇다"고 대답할 것이다. 종교개혁 이후 로마가톨릭 신학자의 일부도 현대의 수많은 프로테스탄트 신학자와 더불어 이것에 동의하고 성서를 중심에 두는 개인이나 집단이 성서에 몰두한 나머지 전례, 전통, 공의회의 결정, 교리, 또는 고금의 성인의 생애, 개인 영혼의 깊은 내면 등 현재 하느님이 말씀하고 계신 때와 장소 전체에 눈과 귀를 막고 있는 경우를 얼마든지 찾을 수 있다고 말하고 있다. 융은 성서라고 해도 독자의 생각이나 이용방법에 따라서는 거룩한 것의 경험에 방해가 될 수 있다고 주장한다.

성서의 이용(그리고 오용)

나의 대학원 학생이 수업발표에서 우리 문화에서 성서가 어떻게 다양하게 사용되고 있는지를 고찰한 일이 있다. 우선 첫째로 그 학생은 장난기어린 어조로 말했다. 성서를 문진文鎭이나 문이 닫히지 않게 할 때 사용할 수 있다. 이것은 가장 널리 행해지는 용도는 아니지만 실제로 행해지고 있다.

더 심하게는 학생이 성서 시험에 합격하기 위해 벼락치기 암기용으로 성서를 사용할 수 있다고 했다. 학자가 고대사회의 습속, 풍습, 과거의 법률을 추적하기 위한 연구자료로서도 성서를 사용할 수 있다. 또는 단순히 시간을 보내기 위해 사용하는 경우도 있다. 예컨대 모텔에서 서랍에 손을 넣으면 기드온 협회에서 비치한 성서를 대충 훑어보며 넘길 수 있다.

설교가가 설교를 위한 성구를 찾기 위해 일종의 설교단 용 바틀렛Bartlett의 인용집으로도 사용할 수 있다. 또 비록 "성서를 읽는 사람보다도 숭배하는 사람이 많고, 이해하는 사람보다도 읽는 사람이 많고, 양심적으로 성서의 가르침에 따르는 사람보다도 성서를 이해하는 사람 편이 많다"[7]는 사무엘 샌드멜Samuel Sandmel의 조언을 상기하는 사람이라도 성서를 서가나 커피 탁자 위에 놓아 둠으로써 "이 집은 성서를 존중하는 가정이다"라는 사실을 손님에게 알리는 상징용으로 사용할 수 있다. 비그리스도교 신자가 그리스도교란 무엇인지를 알기 위해서도 성서가 사용될 수 있다. 리차드 루번스타인Richard Rubenstein이라는 유대인 학자는 젊어서 예수란 어떤 사람인지 그리스도교 신자인 이웃이 무엇을 믿고 있는지를 알고 싶어서 신약성서를 읽고 싶었다고 이야기한 적이 있다.

좀더 진지하게는 특정한 교리나 신학상의 논점을 지지하기 위한 증명용 성구로서 성서를 사용할 수 있다. 이 사용방법은 누구나 잘 알고 있고 신학상의 중대한 논쟁에 관해서 사용되는 경우도 있지만 대부분은 진화에 관한 종교적·정치적인 종류의 의문이라든가, 하느님은 여성의 사제서품을 바라시는지의 여부라든가, 동성애자를 교회 일원에서 배제해야 하는지의 여부와 같은 논의를 위해서 사용되고 있다. 마지막으로 이것과 관련해서 개인이나 종교 제도의 그림자 측면의 도구로, 폭력을 옹호하고, 잔악행위를 정당화하고, 가장 나쁜 사회적·종교적·인종적인 억압을 보증하기 위해 성서가 사용되는 경우도 있다. 융이 말한 대로 사랑의 종교가 세계 역사상 최대의 피바다를 만들어내는 데 조력한 것은 다 아는 사실이다.[8]

이와 같은 성서의 용도 가운데는 물론 정당한 것도 있다. 그러나 어느 정도는 성서의 본래 기능에 이르지 못했다. 융의 의견으로는 성서의 본래 기능이란 학자에게 역사상의 자료를 제공하고, 설교가에게 설교용 성구를

---

[7] Samuel Sandmel, *The Hebrew Scriptures* (New York: Knopf, 1963), p.3.

[8] C. G. Jung, *Psychological Reflections: An Anthology of Jung's Writings*, ed. Jolande Jacobi (New York: Pantheon Books, 1953), p.343.

제공하고, 신학자에게는 증명용 성구를 제공하고, 폭군에게 행동계획을 제공하는 것이 아니다. 성서에는 더 높은 사명 — 영혼을 일깨워 거룩한 것을 깨닫게 하는 것 — 이 있다.

칼 바르트Karl Barth가 일찍이 이미지를 사용해서 이것을 정확하게 표현한 일이 있다. 그는 성서를 읽는 사람을 아파트의 3층이나 4층 창에서 보도를 내려다보는 사람에 비유했다. 보도에서 사람들은 멈추어 서서 흥분하여 지붕 너머 하늘의 무엇인가를 가리키며 서로 이야기하고 있다. 그러나 그는 머리 위의 아파트 지붕 때문에 하늘을 볼 수 없다. 칼 바르트는 그 노상의 사람들을 성서 저자와 하느님에 관해 그들이 영감을 받고 작성한 보고서에 비유한 것이다. 창가에 선 사람은 현대의 성서 독자를 가리킨다. 성서 독자의 관심은 오직 자기가 있는 곳에서 노상에 있는 군중을 지켜보고 그들이 말하는 것을 긴장해서 듣는 것만이 아니다. 그는 층계를 내려가서 사람들이 가리키는 것을 자신의 눈으로 보기까지는 마음이 안정되지 않는다.

성서의 목적은 우리가 소문으로 들은 하느님의 과거 행위에 대한 보고를 제출하는 것만이 아니다. 성서가 그 모든 이미지, 이야기, 은유에 의해서 확실하게 가리키고 있는 분을 자신의 눈으로 보고, 자신의 귀로 그 소리를 듣도록 독자를 권유하는 것이다. 그것은 과거의 하느님이 아니다. 그분은 과거, 현재, 미래의 교회에서, 성서 안에서, 그리고 또 인간 영혼의 내면 깊은 곳에서도 행위하시고, 말씀하시며, 의지를 계속 밝히시는 살아 계신 하느님이시다.

하느님의 문제

하느님이라는 말을 다시 사용할 수 있는 시대가 물러가려 하고 있다. "하느님의 죽음" 시대에는 거룩한 것에 대해 언급할 때 G-O-D라는 세 문자 단어를 사용하는 것에 대한 강한 저항이 있었다. 다른 말과 같이 이 말이 언급하는 실체와 이 말이 어쩐지 어울리지 않는다고 생각되었기 때문이다.

실제로 대다수의 우리들에게는 아직도 그런 감정이 남아 있고, 거룩한 것의 실재성과 완전성을 충분히 나타내는 이름을 말할 수 없다는 것을 믿고 주님의 이름을 가볍게 부르려 하지 않았던 전통 유대인이야말로 가장 현명하지 않았는가 하는 생각이 떠나지 않는다.

그리스도교의 관습에서는 하느님이라는 말은 보통 창조자이신 하느님, 우리 주 예수 그리스도의 아버지이신 하느님, 그리고 성서의 기록을 통해, 올바른 영혼의 삶 안에 숨쉬는 성령이신 하느님을 지시했다. 그러나 고통과 비극을 당하는 인간 경험의 어두운 골목길로 들어가 보면 하느님이라는 이름이 다른 어조로 사용되고 있다는 사실을 알게 된다. 하느님께 대해서 "나의 손자를 죽게 하셨다"든가 황폐함이 우리 마음을 방문하게 했다고 말한다. 또는 유대인 대학살에서 수천명의 무죄한 희생자 위에 공포의 어둠이 내리는 것을 허용한 분으로 말한다.

하느님이라는 말은 "어린아이의 말투"가 아니다. 우리가 흔히 생각하는 것처럼, 단순하면서도 복잡하지 않은 고정된 말이 아니라 그 깊은 곳에는 신비, 역설, 영혼을 흔드는 가혹한 진리가 포함되어 있다. 하느님, 인간의 어리석음, 유머야말로 세 가지 큰 실체라고 케네디John F. Kennedy는 말하곤 했다. 그리고 "처음 두 가지는 우리의 이해를 초월한 것이므로 셋째 것을 가지고 우리가 할 수 있는 것을 하지 않으면 안될 것이다"라고 덧붙였다. 융의 하느님 이해에는 이 신비감과 공통된 데가 있다. 융은 "인격 1", "인격 2"라고 명명한 두 개의 관점에서 그의 하느님 이해를 설명하고 있다.

인격 1과 인격 2

융은 어려서부터 자신은 마치 "두 개의 인간"처럼 자기 자신과 세계를 두 가지 방법으로 경험하고 있다는 것을 자각하고 있었다는 사실을 말하고 있다. 즉, 한편으로는 "공공"의 관점에서 자신을 본 것으로 그는 자신을 "나의 부모의 자식, 학교에서는 다른 남자아이들과 비교해서 그렇게 머리가 좋지도, 주의깊지도, 공부에 열심하지도, 행실이 좋지도, 청결하지도 않았지만"[9] 그후 우수한 학생이 되어 대학에 들어가고 결국은 직업적으로 세상에 알려지게 되고 심리학 분야에서 일정한 업적을 인정받게 되었다고 평가한다. 융은 이 자신을 "인격 1"이라고 불렀다. 그것은 부모, 교사, 친척, 친구, 동료가 알고 있는 객관적인 눈에 보이는 외적인 자신으로, 그 자신을 자신의 공적 이미지로서 인정하고 있는 것이다.

그러나 그에게는 또 하나의 측면이 있었다. 이 둘째 측면은 "다 성장했으며 — 사실은 늙은 것이다 — 회의적이고 의심이 많고 사람들의 세계에서 멀리 떨어져 있지만 자연, 대지, 태양, 달, 기상, 모든 생물에 가깝다. 특히 밤과 꿈, 그리고 '하느님'이 역사하셔서 그의 내부에서 만들어낸 모든 것에 가깝다".[10] 융은 때때로 하느님은 사람보다도 자연에 더 가까운 분으로 생각하기 때문에 그분에게 인용표를 붙인다고 말하고 있다. "높은 산, 개울, 호수, 나무, 꽃, 동물 쪽이 이상한 옷을 입고 비열함과 허영과 거짓, 그리고 몸서리쳐지는 자기중심주의 — 이 모든 것은 내가 1890년 학생이었던 인격 1에서 보고 잘 알고 있는 특징이다 — 에 빠져 있는 인간보다도 하느님 본질의 더 훌륭한 예증이라고 나는 생각했다"고 기술하고 있다.[11]

두 개의 인격은 종종 서로 모순되고 있는 것으로 생각되었다. 16세에서 19세 사이는 인격 1이 점점 우수하게 되었다고 융은 회상하고 있다. 객관적 관심 — 동물학, 고생물학, 지리학, 고고학, 그리스-로마와 이집트사 — 에 초점을 맞추면 맞출수록 인격 2는 그에게 "의심스럽고 불쾌한 것"이 되었다. 인격 1에는 해야 할 중요한 것이 있었다. 인격 1은 활동적이기를 원했고 인격 2의 수동성과 명상적 생활을 참을 수 없어했다.

학교에서 친구들과 함께 있을 때에는 인격 2를 잊을 수가 있다. 그러나 인격 1은 혼자가 되면 집 안에서든지, 밖으로 나가서든지 "직업선택의 걱정

---

[9] *MDR*, p.44. [10] 같은 책, pp.44-5. [11] 같은 책.

을 지닌 채 지평선 아래로 가라앉고"[12] 그때 인격 2는 다시 찾아와서 공적 사실과 계획의 세계 이외에, "그 안에 들어온 사람은 누구든 우주 전체의 환시에 의해서 변화되고 압도되어 자신을 잊고 감탄과 찬미를 할 수밖에 없는 성전과 같은 또 다른 영역이 존재한다"[13]는 것을 그에게 상기시켰다.

이 두 개의 인격, 한편으로는 객관적 · 공적 · 직업적 · 활동적이고 주로 합리적이며 또 한편으로는 주관적이며 개인적인 인격이 일생동안 융 안에 공존했다. 성숙한 나이가 되어서는 한편은 심리학자, 과학자, 그리고 인간 프시케의 임상적 연구자로서의 융을 대표하고 또 한편은 삶의 흐름에 빠져들어 시작과 끝이 하나의 신비인 이야기를 만들어내고 자신이 규정되어 있다고 느끼는 운명을 벗어나 살아가려고 하는 개인으로서의 융을 대표했다. 융은 하느님께 대한 사상을 양편 입장에서 쓰고 있다.

융의 직업으로서의 심리학적 견지에서 본 하느님

심리학 전문가로서의 융의 견지는 그의 전집 가운데 18권에 상세히 기록되어 있다. 여기서 그는 경험주의자로서 종교, 즉 종교의식, 상징, 종교적 경험, 그리고 특히 모든 문화에 나타나는 하느님을 표현하는 언어와 하느님의 이미지를 포함해서 인간 인격과 관련된 현상의 범위를 객관적으로 연구하고 기술한다.

앞서 기술한 대로 융이 종교현상 연구에 착수한 것은 프로이트의 희망에 반하는 것이었다. 프로이트는 그에게 "신비주의Occultism의 밀려오는 흙탕물"에 가까이 가지 않도록 경고했다. 융은 신비주의라는 말이 프시케에 관해서 철학과 종교가 배운 것의 사실상의 전부를 포함한다고 받아들였고[14] 프로이트에 반론을 제기하면서 종교가 "인간 마음의 가장 오래되고 가장

---

[12] 같은 책, pp.74-5.   [13] 같은 책, p.45.   [14] 같은 책, p.150.

보편적인 표현이라는 것은 논쟁의 여지가 없다". 그리고 "인간 인격의 심리학적 구조에 관계하는 심리학이라면 종교가 단순히 사회적이고 역사적인 현상일 뿐 아니라 수많은 개인에게는 상당한 개인적 관심사이기도 하다는 것에 주목하지 않을 수 없다"[15]고 주장했다. 그 결과 1913년에 프로이트와 결별했다. 처음 만난 지 7년 후였다.

이것은 융이 자신을 신학자라고 생각했다는 말이 아니다. 융은 신학자의 임무와 심리학자의 임무를 구별하고 있다. 신학자의 역할은 하느님에 대해서 말하는 것이나 심리학자의 역할은 종교경험과 그것을 표현하기 위해 사용된 하느님의 이미지에 대해서 말하는 것이다. 신학자는 "각인자"를 강조하지만 심리학자는 "각인"을 강조한다고 융은 말한다. "각인", 즉 하느님의 이미지에 대한 융의 기본적 고찰은 그것이 발명된 것이 아니라 오히려 "자연발생적으로 나타나는 표현"이라는 것이다.[16] 합리적 또는 의식적으로 만들어진 것이 아니고 오히려 인간의 모든 의욕에서 멀리 떨어진 프시케의 영역에서 자극도 없이 우리에게 오는 것이다. 하느님의 이미지는 억압할 수 없다. 하느님의 이미지는 보편적이다.

이 심리적 "사실"에서 인간의 프시케는 "나면서부터 종교적"naturaliter religiosa이고[17], "종교적 충동은 본능적 기반에 기초를 두고 있다. 그러므로 그것은 인간 독자의 기능이다"[18]라는 기본적 결론을 융은 끌어낸다. 이것은 종교적 충동이 억압될 수 없다는 의미가 아니다. 오히려 아무리 제거하고 싶다고 생각해도 종교적 충동은 반드시 되돌아온다는 것이다. 융은 어느 젊은 유대인 여성의 경우를 말하고 있다. 그녀는 극심한 불안감에 시달려서 융을 찾아왔다. 그녀는 매우 분명하게 이야기를 할 수 있는 사람이었다. 처음 면접중에 융은 가족관계에 대해서 물었다. 할아버지에 대해서 묻자 그녀는 눈을 감았다. "여기에 문제의 핵심이 있다고 즉시 알았다"고 융은 진술했다. 좀더 물어가는 가운데 할아버지는 하시디즘*의 랍비였다는

---

[15] *CW* XI, p.5.　　[16] Wehr, op. cit., p.86.　　[17] *CW* XII, p.13.　　[18] *CW* X, p.280.
* Hassidism: 18세기 후반 폴란드 유대교도간에 생긴 신비주의적 경향을 가진 종교운동.

것을 알았다. 그는 "일종의 성인"으로서 "천리안의 능력도 가지고 있다"고 말하면서 "그러나 그런 것은 모두 무의미한 이야기입니다"라고 그녀는 덧붙여 말했다. 융이 본 바로는 그녀는 과거의 자신에 대한 이 부분을 전면적으로 부인함으로써 "신화적이고 종교적인 관념"에서 자신을 고립시킨 것이다. 그러나 그것은 그녀의 깊은 영적 소질이 표현되기 위해서는 필요했다. 자신의 지성과 공적 이미지를 발달시키는 것에만 전심하고 그녀는 몇 년 동안 이 필요한 요소를 억압해 왔다.[19] "삶이 종교 없이도 평탄하게 흘러갈 때 그 손실은 거의 주의를 끌지 못한다. 그러나 고통스러운 일이 생기면 사정은 달라진다. 그럴 때 사람들은 출구를 찾고, 삶과 그 당혹과 고통을 주는 경험의 의미를 생각하기 시작한다"[20]고 융은 쓰고 있다. 이와 같은 재발견은 흔히 인생의 후반기에 생긴다는 것을 융은 깨달았다. 융은 "인생의 후반기에 있던 — 즉 35세 이상의 — 나의 환자 가운데 최후의 수단으로서의 문제는 종교적 인생관을 발견하는 것이라고 말하지 않는 사람이 한 사람도 없었다"는 사실을 알게 되었고, 또 "그들이 병이 난 것은 모두 다른 사람들이 모든 시대의 살아 있는 종교로부터 얻는 것을 잃었기 때문이고 종교적인 견해를 되찾지 못한 사람은 누구도 완치되지 않았다고 말해도 좋다"[21]고 덧붙이고 있다. 융이 즐겨 인용한 중세 라틴어 경구가 있다. "Naturam expellas furca, tamen atque recurret"(갈퀴로 자연을 몰아낼 수 있지만 자연은 언제나 돌아온다). 종교도 마찬가지이다. 종교는 인간 본성의 억제할 수 없는 부분이고 항상 문에서 기다리고 있는 것이다.

"종교"라는 말로 융이 의미한 것은 무엇인가? "'종교'라는 말로 나는 신경信經을 의미하지 않는다는 것을 분명히 하고 싶다. 이 말이 가리키는 것은 거룩한 것 numinosum의 경험에 의해서 변화된 의식의 특유한 자세이다"[22]라고 말할 수 있을 것이다. 종교는 근본에서는 신경이나 개념의 문제가 아

---

[19] *MDR*, pp.138-40. [20] *M&S*, p.87.

[21] C. G. Jung, *Modern Man in Search of a Soul*, (New York: Harcourt, Brace, 1933), p.229.

[22] *CW* XI, "Psychology and Religion", p.8.

니라 경험의 문제이다. 융이 그의 시대의 서양종교에서 발견한 문제의 하나는 너무나 개념이 많다는 것이다. 외면적인 종교적 신념을 강조함으로써 "그리스도교 문명은 무서운 공허성을 증명하였다. 완전히 겉치장이고 내면의 인간은 손대지 않음으로써 변하지 않은 채 있다. 그 영혼은 외면적 신앙과는 조화를 이루지 못한다".[23] 많은 유럽인이 명상, 영적 수련, 경험적 종교를 중시하면서 동양종교로 마음을 돌리는 것은 그때문이라고 융은 추측한다. 그는 동양의 정신을 높이 평가하면서도 서양은 독자적 정신을 계발해야 한다고 믿고 "모방하지 말라"고 충고한다. 그는 "요가를 연구하라. 그러나 다른 무엇보다 특히 요가를 이용하고 있는 사람이 누구인지를 찾아내라",[24] "몇 세기 안에 서양은 자신의 요가를 만들어낼 것이고 그것은 그리스도교의 토대 위에서 만들어질 것이다"[25]고 말한다.

심리학 전문가로서 융은 프시케의 생활에서의 종교의 역할을 어떻게 생각하는가? 첫째로 종교가 제공하는 상징, 이야기, 신화의 체계는 과학적 관찰을 거부하는 내적 진리와 과정 — 죄와 용서, 영적인 치료와 재생, 낡은 사람과 새사람, 우리는 어디서 와서 어디로 가는가 하는 물음 — 을 스스로 객관화할 수 있게 한다. 둘째로 융이 「발견되지 않은 자기」[26]에서 강조하고 있는 점인데 종교는 집단 심리상황에 대해서 균형을 맞추는 추를 제공한다. 융은 이 책에서 각 개인은 집단적 정신병리 상황과 권력에 대한 욕망에 저항하고 새로운 길을 찾을 것을 권유한다. 셋째로 종교는 영혼의 배려와 영혼의 치유를 주요한 목적의 하나로 삼고 있다. 융은 "종교는 진정한 의미에서 심리요법의 체계이다. 심적 문제를 모든 강력한 이미지로 표현한다. 종교는 영혼의 언명이고 인지이며 동시에 영혼의 본성의 폭로이다"[27]라고 말한다.

---

[23] *CW* XII, "Introduction to the Religious and Psychological Problems of Alchemy", p.12.
[24] Wehr, op. cit., p.111; *MDR*, p.86.   [25] Wehr, op. cit., pp.111-2.
[26] *CW* X, "The Undiscovered Self", pp.256-62.
[27] Jacobi, *Complex, Archetype, Symbol*, p.105.

융은 테리 강좌 끝에 심리학 전문가의 입장에서 본 프시케의 생활에서 종교의 역할을 다음과 같이 정리해서 말하고 있다.

> 종교적 경험은 절대적인 것입니다. 종교 경험에 대해서 다른 사람이 어떻게 생각하든지 그것은 아무래도 좋습니다. 종교적 체험을 한 사람의 세계는 그것이 생명과 의미와 아름다움의 원천이 되고 세계와 인류에게 새로운 빛을 주는 위대한 재산이 됩니다. 그에게는 신앙과 평화가 있습니다. 이전 생활은 진정한 것이 아니라거나, 이같은 경험은 효력이 없다거나 이같은 신앙은 환상에 지나지 않는다고 말할 수 있는 기준이 어디 있습니까? 사실상 삶에 도움을 주는 것보다 궁극적인 진리에 관한 더 나은 진리가 있습니까? 신경증을 치료하는 데는 신경증과 똑같은 정도의 설득력을 갖지 않으면 안됩니다. 그리고 신경증은 극히 현실적이기 때문에 신경증을 고칠 수 있는 경험도 그와 같은 정도의 현실성을 갖지 않으면 안됩니다. 인간은 누구라도 궁극적인 것이 무엇인지 알 수 없습니다. 그러므로 우리는 우리가 경험한 한에 있어서의 그것을 믿지 않으면 안됩니다. 그리고 만약 이러한 경험을 한 삶이 자기를 위해서나 또는 자기가 사랑하는 사람을 위해 더욱 건전하고 더욱 아름답고 더욱 완전하고 더욱 의미있는 것이 된다면 우리는 안심하고 "이것은 하느님의 은총이었다"라고 말해도 좋을 것입니다.[28]

융의 개인적 견지에서 본 하느님

죽기 2년 전에 BBC TV의 "Face to Face"라는 대담 프로그램에서 대담자 존 프리맨이 "하느님을 믿으십니까?"라는 질문을 했을 때 융은 "자기는 알고 있는 것이든 모르고 있는 것이든 어떤 것도 믿지 않는다"고 대답하고

---

[28] *CW* XI, "Psychology and Religion", pp.104-5.

나서 계속해서 "나는 하느님을 믿을 필요가 없습니다. 그것은 나는 그분을 알고 있기 때문입니다"라고 말했다.[29]

이 발언에 대해 수많은 편지에 일일이 답을 할 수 없어서 1960년 1월 21일 발행의 *The Listener*지에 융은 서간체의 회답문을 발표했다.

> "하느님께 대한 지식"에 관한 나의 의견이 관습에 반하는 것이기 때문에 나에 대해서 그리스도교 신자가 아니라고 판단하는 것을 충분히 이해할 수 있습니다. 그러나 나는 내가 그리스도교 신자라고 생각합니다. 나는 완전히 그리스도교 개념에 의거하고 있기 때문입니다. 나는 그리스도교의 개념이 지닌 내적 모순을 피하기 위해 인간 마음의 광대한 어둠을 고려하는 좀더 겸손한 태도를 도입하고자 할 뿐입니다. … 나는 방송에서 "하느님이 존재한다"고 말하지 않았습니다. 그리고 나는 그분을 알고 있기 때문에 "하느님을 믿을 필요가 없다"고 말했습니다. 이 말은 어떤 일정한 분으로서의 하느님을 알고 있다는 의미가 아닙니다. … 오히려 나는 내가 "하느님"이라고 부르지만 그 자체로는 알려지지 않은 어떤 인자a factor 앞에 있다는 것을 알고 있습니다. 내가 분노와 공포에 압도되어 그분의 이름을 부를 때, 나도 모르게 "하느님!" 하고 말할 때 나는 그분을 기억하고 그분을 불러냅니다. … 나 자신의 심적 조직체계 안에 있는 우월한 의지와 나 자신이 충돌하고 있는 것을 알기 때문에 우리는 하느님을 알고 있는 것입니다. 내가 마음에 그리고 있는 나의 내부뿐만 아니라 그밖에 모든 곳에 살아 계신, 말하자면 선악을 초월한 하느님이라는 비정통적인 실체를 감히 표현하자면 이렇습니다. **Deus est circulus cuius centrum est ubique, cuius circumferentia vero nusquam**(하느님은 그 중심은 어느 곳에나 있지만 원주는 참으로 그 어느 곳에도 없는 원이시다).[30]

---

[29] Bennet, op. cit., p.167.   [30] 같은 책, pp.167-9.

그가 죽은 뒤에 간행된 자서전 『회상, 꿈 그리고 사상』과 두 권의 서간집[31]에 나타난 하느님께 대한 융의 개인적 발언도 요점은 이것과 같다. 하느님이란 믿을 수 있을 뿐 아니라 알려진 존재이다.

이 주장은 목사였던 아버지와 벌인 논쟁의 중심이기도 했다. "너는 항상 생각하려고 하는데, 생각하지 말고 믿어야 한다"고 아버지는 몇 번이고 타일렀다. 그러나 융은 조용히 대답했다. "아니오. 우리는 경험해야 하고 알아야 합니다."[32] 아버지의 순진한 신앙 종교는 "케케묵고 공허해서" 개념은 강하지만 경험이 약하다고 생각했다. 아버지의 설교는 융이 "신학적 종교"라고 부르는 것에 뿌리를 두고 있으며 융에게는 흔히 "소문으로 듣고 알고 있어서 자신이 믿을 수 없는 사람이 말한 이야기"처럼 들렸다.[33]

아버지로부터 교리 문답을 배울 때 삼위일체의 위대한 신비에 대한 설명을 듣는 것이 즐거웠다고 융은 회상한다. 그러나 "겨우 거기까지 왔을 때 아버지는 말씀하셨다. '이제 우리는 삼위일체에 대해 이야기할 차례인데 이것은 생략하겠다. 나는 사실 이에 관해서 아무것도 모른다'". 융은 "나는 아버지의 솔직함에는 감탄했지만 한편으로는 깊은 실망을 맛보았다. … 그들은 그것에 관해 아무것도 모른다. 또 그것을 생각하지도 않는다"라고 설명한다.[34]

융이 신학 책을 진심으로 참고하려고 한 것은 오직 하나, 악에 대해서 어떻게 말하고 있는지를 보기 위해서였다. 융은 악이라고 생각하는 것을 여러 가지로 보아 왔다. 라인 강의 익사자를 본 일도 있다. "병들고 죽어가는 물고기, 옴투성이의 여우, 얼거나 굶주린 새들, 꽃으로 뒤덮인 초원의 드러나지 않은 곳에서 행해지고 있는 무참한 비극, 개미의 습격을 받고 곧 죽는 지렁이, 서로 상대의 몸을 물어 찢어발기는 곤충" 등[35]을 그는 보아 왔다. 대답을 찾으면서 융이 알게 된 것은 신학 책은 아무것도 말하지 않거나 또

---

[31] Van der Post, *Jung and the Story of Our Time*이 양자에게 더욱 개인적인 기술을 덧붙이고 있다.
[32] *MDR*, p.43.   [33] 같은 책.   [34] 같은 책. p.53.   [35] 같은 책. p.69.

는 기교적인 논의를 장황하게 계속해서 늘어놓은 끝에 "악의 기원은 '아직 설명된 것이 없고 설명은 불가능하다'"는 결론뿐이다. 이것은 융에게서 그런 것에 관해서는 생각하고 싶지 않다고 말하는 것과 같은 것이었다.[36]

그의 첫영성체 경험이 "신학적 종교"의 공허함에 대한 의혹을 확인한 사건이었다. 그것은 최고의 경험이 될 것이라고 믿어 왔는데 그 의식에 참가해보니 이것도 다른 의식과 같다는 사실을 알게 되었다. "모두가 딱딱하고 진지했다. 그러나 나에게는 무관심하게 보였다. 긴장해서 보고 있었으나 노인들의 내부에 어떤 보통과 다른 일이 일어나고 있는지 여부를 볼 수도 측정할 수도 없었다. … 슬픔도 기쁨도 엿볼 수가 없었다." 성체를 영하고 생각한 것은 빵은 맛이 없고 한 모금의 포도주는 시큼하다는 것뿐이다. "그리고 마침기도가 있고 사람들은 나갔다. '그것으로 끝났다'라는 얼굴로. 그들은 우울하지도 않고 기쁨으로 취하지도 않았다." 융은 이렇게 쓰고 있다.

> 나는 종교적 입회식의 절정에 있었고 거기서 무엇인지는 모르지만 무엇인가를 기대했다. 그러나 아무 일도 일어나지 않았다. … 사람들은 "그리스도교 종교"라고 부르지만 그것은 모두 내가 경험한 그 하느님과는 아무 상관이 없다. 반면에 사람인 예수는 하느님과 관계를 가졌다는 사실은 아주 분명했다. 그는 하느님의 사랑과 자비를 아버지의 속성으로 가르친 뒤에 게쎄마니 십자가에서 절망하셨다. 그는 하느님의 두려움을 인식했던 것이다. 이것은 내가 이해할 수 있는 부분이었다. 맛없는 빵과 시큼한 포도주를 가지고 실시된 이 빈약한 기념식에 어떤 목적이 있는가? … 나에게는 "그것이 종교가 아니고", "하느님의 부재"라고 생각되었다.[37]

이때 그는 "아버지에 대한 격렬한 연민에 사로잡혔다. 갑자기 아버지의 직업과 삶의 비극을 나는 이해했다"고 쓰고 있다.[38] 몇 년 후에 아버지가 종

---

[36] 같은 책, p.63.   [37] 같은 책, pp.53-5.   [38] 같은 책, p.55.

교적 회의를 암시하고 "신학자만 빼고 너는 무엇이든 되라"고 융에게 권할 때 이 통찰은 확증되었다.[39] 아버지 신앙의 무엇이 잘못되었는가? "그는 성서의 계명을 자신의 지침으로 삼고 성서가 말한 대로, 조상이 가르친 대로 하느님을 믿고 있었다. 그러나 성서도 교회도 초월한 전능하시고 자유로우신 하느님, 그 자유에 참여하도록 부르시고 직접 경험할 수 있는 살아 계신 하느님을 그는 몰랐다"고 융은 쓰고 있다.[40]

융이 말한 이 직접 경험할 수 있는 살아 계신 하느님은 어떤 분인가, 어떤 성질을 갖고 계신가? 융에게 있어 그의 모든 생각의 중심은 하느님이었다. 1952년에 어느 성직자에게 보낸 편지에서 이렇게 쓰고 있다. "유성이 태양 주위를 돌 듯 내가 생각하는 것은 모두 하느님 주위를 돌고 하느님에게 이끌려서 저항할 수 없다고 나는 생각하고 있다. 이 힘을 거스르려 하면 그것이야말로 최대의 죄라고 하겠다."[41] 융에게서 하느님은 "모든 경험 가운데 가장 직접적인 분", "가장 명백한 분"이었다.[42]

우리가 하느님에 대해서 무엇을 쓰든지 그것은 인간 상상력의 구조의 한계 안에서 이루어지는 것이라는 점을 융은 인정하고 있다. "우리는 하느님을 영원히 부동불변하는 실체로 상상할 수 있는 것만큼이나 쉽게 또한 그분을 끝없이 모습을 바꾸는 생생한 에너지의 영원한 흐름으로 상상할 수 있다."[43] 그러나 우리가 갖고 있는 하느님의 이미지는 모두 자연, 철학, 물리학, 인류학 그 어느 것에서 끌어낸 것이든간에 "깊이를 헤아릴 수 없고 말로 나타낼 수 없는 경험을 표현하기 위해" 창조된, 인간의 한정된 마음의 산물이다. "경험은 논의될 수는 없지만 실재하는 것이다. 그러나 이미지는 손상되고 산산이 부서질 수 있다. 명칭이나 문구는 빈약한 껍데기이지만 그래도 우리가 경험한 분의 특징은 표시한다"고 융은 쓰고 있다.[44]

융에게 있어 하느님은 대체로 존재의 양극성을 통합한다. 융에게 있어서 하느님은 빛이지만 또한 "자연의 암흑 속에 존재하는 가장 어둡고 밑바닥에

---

[39] 같은 책, p.75. [40] 같은 책, p.40. [41] 같은 책, p.xi.
[42] 같은 책, p.92. [43] CW XI, p.361. [44] CW X, p.155; CW XI, pp.361-2.

있는 원인"[45]이라고도 생각했다. 하느님은 창조 때에도, 십자가에 달리셨을 때에도 현존하신 "전멸시키는 불이며 형언할 수 없는 은총"[46]이시다. 성서도 이와 똑같이 보고하고 있다. 한편으로는 하느님의 영광과 선하심을 선언하고 또 한편으로는 "하느님은 어둠을 가져오고"(예레 13,16), "태워버리는 분"(히브 12,29), 행복을 주고 불행을 조장하는(이사 45,7) 분이라고 말하고 있다. 융은 2세기의 위僞 클레멘스 문서의 설교에서 "하느님은 두 손으로 세계를 지배하신다. 오른손은 그리스도, 왼손은 사탄이다"[47]라는 문장을 종종 인용한다. 융에게 있어서 하느님이란 그 의지와 말씀, 계획과 목적이 인간의 판단을 넘어선 "두려운 신비"이다. 그는 죽기 바로 전에 이렇게 쓰고 있다. "오늘에 이르기까지 하느님은 내가 제멋대로 나가는 길을 폭력적으로 가차없이 가로막는 모든 것, 나의 주관적 견해와 계획과 의도를 뒤엎고, 좋든 싫든간에 나의 인생 진로를 바꾸는 모든 것을 가리키는 이름이다."[48]

그의 경험의 또 하나의 중요한 요소 — 그에게 하느님에 대해서 언급한 자연의 거룩한 영역 — 를 언급할 때 융은 "하느님의 세계"라는 표현을 사용했다. 그것은 인격 2가 잘 알고 있는 땅과 태양 그리고 달에 가까운 세계였다. 이 세계는 바젤의 도시생활의 복잡함에 속해 있는 것이 아니라 멀리 떨어진 "강과 숲 사이에 해가 비치고, 바람이 불고, 머리 위로 구름이 지나가고, 확인할 수 없는 일이 일어나는 어둔 밤에 둘러싸인 작은 마을의 인간과 동물 사이"에서 볼 수 있다. "그것은 지도 위의 단순한 장소가 아니라 하느님의 세계로 지정된 곳이며 비밀스런 의미로 채워진 곳이다. 모든 것이 이미 태어났고 모든 것이 이미 죽음으로 끝난 영원 속의 일체화한 우주이다."[49]

"하느님의 세계"는 융이 아버지에게서 배운 것 중 하나였다. 그는 자식을 증기선에 태워 루세른Lucerne에서 비츠나우Vitznau라는 작은 마을까지 데려갔다. 거기서부터는 철도로 리기 산* 정상까지 갔다. 아버지는 아들의

---

[45] *CW* VIII, p.55.　　　　[46] *MDR*, p.56.　　　　[47] *CW* XI, p.358.
[48] Edinger, op. cit., p.101.　　[49] *MDR*, pp.66-7.
* Mt. Rigi: 스위스 루체른 호수 근처에 있는 1,797m의 높은 산.

손에 표를 주면서 말했다. "혼자서 정상까지 갔다 와라. 나는 여기서 기다리겠다. 표가 비싸서 두 장을 살 수 없었다. 떨어뜨리지 않도록 조심해라." 융은 기뻐서 말이 나오지 않았다. 산 정상에서 "상상할 수 없는 먼 곳"을 보면서 그는 생각했다. "그래, 여기가 나의 세계이고 진실한 세계이다. … 선생님도 학교도, 대답할 수 없는 문제도 없는 … 여기서는 아무도 묻지 않고 다만 존재할 수 있다." 그것은 위험한 절벽 앞이었다. "모든 것이 장엄했다. 하느님의 세계에 있기 때문에 여기서는 예의 바르게 조용히 있어야 한다고 느꼈다. 이것은 아버지에게서 받은 가장 귀중한 선물이었다." "그후 몇 십 년이 지나도 과로로 지쳐 휴식처를 찾을 때마다 항상 이 이미지가 떠올랐다."[50]

융은 "하느님의 세계"라는 표현이 사람에 따라서는 감상적으로 느껴질 것이라는 데는 동의했지만 그에게서는 그런 것이 아니었다. "초인적인 모든 것이 '하느님의 세계'에 속해 있었다. 눈부신 빛, 심연의 어둠, 시공의 무한대가 지닌 차가운 무감각성, 비합리적인 하느님의 세계의 무시무시한 기괴함. 이 모든 것이 나에게는 '하느님'이었다."[51]

하느님은 내부에도 존재한다. 융은 이것을 종종 지적하고 있다. "하느님은 어디서나 현현하지만 인간 영혼만은 다르다고 주장하는 것은 하느님께 대한 불경이다. 실제로 하느님과 영혼과의 관계의 친밀성이야말로 영혼의 가치를 떨어뜨리는 것을 자동적으로 막는 것이다. 양자를 혈연관계로까지 말하면 아마 지나치겠지만 어쨌든 영혼에는 하느님과 관계를 지닌 능력, 즉 유사함이 있어야 한다. 그렇지 않으면 관계가 생길 수 없다."[52] 하느님의 이미지, 도덕적 직관, 양심, 신학상의 진리, 종교 미술, 전례, 기도가 생기는 것은 영혼에서이다. 융에게 있어서 프시케, 즉 영혼이란 하느님과 인간성이 만나는[53] 자리이다. 그러므로 "하느님은 '절대 타자'에 지나지 않는다는 것은 심리학적으로는 생각될 수 없다. 왜냐하면 '절대 타자'가 영

---

[50] 같은 책, pp.77-8. [51] 같은 책, p.72.
[52] CW XII, pp.10 이하. [53] CW X, pp.293-4.

혼의 가장 깊고 가까운 친구 중에 하나 — 하느님은 바로 그러한 분 — 라고 하는 것은 있을 수 없기 때문이다".[54]

물론 성서도 내부의 하느님을 말하고 있다. 예레미야는 마음에 쓰여진 율법(예레 31.33)이라고 말한다. 바울로는 고린토 사람들을 향해서 여러분이 하느님의 성령이 계시는 하느님의 성전이라고 말한다(1고린 3.16). 루가는 하느님 나라는 바로 너희 가운데 있다고 말한다. 신명기 저자는 주님의 명령은 우리에게 너무 어려운 것이 아니며 멀리 떨어진 것도 아니고, 하늘에 있는 것도 아니고 바다 저쪽에 있는 것도 아니라고 말한다. "그것은 너희와 아주 가까운 곳에 있다. 너희 입에 있고, 너희 마음에 있어서 하려고만 하면 언제든지 할 수 있을 것이다"(신명 30.14).

융은 특히 내부에 계신 하느님의 직관을 중세의 신비가에게서 찾았다. 13세기 독일 신비가의 아버지 마이스터 엑카르트Meister Eckhardt는 "하느님을 내부에 소유하지 않은 사람, 외부의 이것 저것에서 자신의 하느님을 모두 가져오지 않으면 안되는 사람, 그러한 인간은 하느님을 모시고 있지 않다"고 쓰고 있다.[55] 19세기, 20세기의 성가를 회상하게 하는 시의 형태로 안젤루스 실레니우스Angelus Silenius가 이렇게 쓰고 있다.

    내 안의 하느님은 불
    하느님 안의 나는 불빛;
    우리의 생명은 하나,
    우리는 떨어져서 타오를 수 없다.
    ...
    나는 하느님이 심으시고 소중하게 키우신 포도나무
    나에게서 자란 과실은 하느님, 성령.[56]

---

[54] *CW* XII, p.11, n.6.　　[55] Schaer, op. cit., pp.149-50.　　[56] 같은 책, p.152.

4세기의 저술가 성 아우구스티누스까지도 목소리를 높여 "육신의 생명은 영혼이고, 영혼의 생명은 하느님이다"라고 말하고 있다.[57]

융에게 있어 하느님은 알파요 오메가, 시작이요 끝이다. 그 광대한 우주와 계시는 융에게서 무엇보다도 실재하는 것이었다. 그는 다음과 같이 쓴다.

> 처음부터 숙명적으로 정해진 듯한 느낌이 들어 마치 내가 인생에서 그 과제를 완수하지 않으면 안되는 것처럼 생각되었다. 나로서는 한번도 증명할 수 없었던 하나의 내적 확신이었다. 그러나 이제 그것이 증명되었다. 나 자신이 확신을 가진 적은 한 번도 없다. 그러나 확신이 나를 사로잡아 그와 반대되는 모든 설득에 대항했다. 내가 원하는 것이 아니라 하느님이 원하는 것을 내가 하도록 되어 있다는 나의 확신은 아무도 나에게서 빼앗을 수 없다. 그래서 흔히 온갖 중대한 일에서 인간이 아니라 오직 하느님과 더불어 있다는 느낌을 나에게 주었다. 언제나 내가 더 이상 혼자가 아닌 "그곳"에 있을 때 나는 구체적인 시간 밖에 있었다. 나는 수백년의 세월 속에 있었다. 그리고 회답을 준 그분은 언제나 거기 있었고 언제나 거기 있는 그분이었다. 저 "타자"와의 대화는 나의 가장 깊은 체험으로서 한편으로는 피비린내 나는 싸움이요, 또 한편으로는 최고의 희열이었다.[58]

부르든 부르지 않든 하느님은 가까이 계시다

융에게 있어서 성서의 목적은 하느님을 기술하는 것, 하느님 과거의 위대한 사적을 말하고, 하느님의 본성을 정의하고, 하느님의 말씀을 하나하나 인용하는 것으로 끝나는 것이 아니다. 성서의 목적은 만물의 중심에 계신

---

[57] Ann and Barry Ulanov, *Religion and the Unconscious* (Philadelphia: Westminster Press, 1975), p.91.

[58] *MDR*, p.48.

한 분, "중심은 어디든지 있지만 원주는 제한할 수 없는 원"을 지적하는 것이다. 융에게 있어 성서의 기능은 하느님의 의식을 영혼에 가르치고, 독자를 거룩한 것의 현존으로 데려가는 것이다.

이 주제는 융의 개인적이고 직업적 삶을 통해서 울려 퍼진다. 융의 장서 表藏書票, 묘비, 퀴스나흐Küsnacht의 집 문간 위에도 다음과 같은 똑같은 문구가 새겨져 있다. "Vocatus atque non vocatus, Deus aderit"[부름을 받으시든, 받지 않으시든 하느님은 (거기) 계실 것이다]. 1960년 11월 19일 편지에서 융은 그의 집 문 위에 있는 다음의 글귀를 설명하고 있다. "timor dei initium sapientiae"(하느님을 두려워하는 것은 지혜의 시작이다). 환자와 나 자신을 잊지 않기 위해서 이 비문을 설치했다. 여기에서 그리스도교가 아니라 하느님 자신에로 접근하는 또 하나의 중요한 길이 시작된다. 이것이야말로 궁극적 문제라고 생각된다."[59]

---

[59] Aniela Jaffé, ed., *C. G. Jung: Word and Image*, Bollingen Series XCVII:2 (Princeton: Princeton University Press, 1979), pp.138-9에 인용되었다.

맺음말

심리학적 비판과 성서 연구

인간의 직무는 … 더욱 많은 의식을 창조하는 것이다.
— 『회상, 꿈 그리고 사상』[1]

심리학과 정신분석의 통찰을 성서의 독해와 해석에 응용하는 기술은 아직 전혀 발달하지 않았으나 성서의 깊이를 헤아리고, 성서가 인간 의식 속에서 담당하고 있는 역할을 탐구하기 위한 새로운 비판적 도구로서 성서해석자가 심리학적 비판을 가까운 장래에 사용하게 되는 것은 필연적이기도 하고 필요하기도 하다. 이 점에 동의하는 성서학자의 수는 점차 늘어가고 있다고 생각한다.[2]

이 책의 목적은 이러한 심리학적 비판의 발전을 위해 칼 융의 생애와 연구가 달성한 공헌을 제시하는 것이다. "생명현상의 보다 깊은 이해를 위해서 심리학이 할 수 있는 것은 극히 적은 공헌이고, 심리학이 과학보다도 절대적 지식에 가깝다는 것은 아니다"[3]라고 융은 인정하고 있지만 그것과 동시에 심리학은 실질적으로 의미있는 공헌을 할 수 있다는 주장도 종종

---

[1] *MDR*, p.326.

[2] 머리말에서 언급한 F. C. Grant의 "심리학적 비판"에 대한 기대를 보라. 1953년에 Henry Cadbury가 성서해석상의 문제점의 대부분은 기본적으로 "문헌학적이라기보다는 심리학적"이라고 말했다. 그에 의하면 아깝게도 표현의 연구와 마음과 경험의 연구를 조화시키는 방향에 대한 일은 거의 이루어지고 있지 않다(*Harvard Divinity School Bulletin*, XIX, 1953, p.54). 더욱 새롭게는 Peter Stuhlmacher, *Historical Criticism and Theological Interpretation of Scripture* (Philadelphia: Fortress Press, 1977) 가 "전통의 이해를 넓고 정확하게 하기 위해 심리학이나 사회학의 … 범주를 도입하고 해석 방법을 늘리는 것이 실제로 필요한가" 하고 묻고 있다(p.86).

[3] Campbell, *Portable Jung*, pp.302 이하에서 인용.

하고 있다. 그러므로 장래의 연구 프로그램으로서 그와 같은 공헌이 어떠한 성질의 것이 될지 일부라도 정리해 보는 것이 좋을 것이다.

성서의 심리학적 비판에 대한 융 사상의 첫째 공헌은 프시케와 무의식의 실체를 인식하는 것은 성서의 저자만이 아니라 그 독자와 해석자의 임무이기도 하다는 것에 있을 것이다. 이 인식이 특정한 텍스트의 해석에 어떻게 응용되는지는 방법론적으로 아직 해명되지 않았지만 그러한 인식은 성서는 역사적·문학적·사회학적·언어학적 과정의 산물로서만이 아니라 저자와 그 공동체, 독자와 그 공동체의 영혼과 무의식 전체가 참가하는 심리학적 과정의 산물로서도 연구되어야 한다는 사실에 대해서 우리가 민감하게 대처할 것을 분명히 요구한다.

둘째 공헌은 그랜트F. C. Grant의 말처럼 텍스트는 "역사적이고 사실적이되 구술에 의해서 전해오는 진술이나 이야기의 수준에 못 미치는 의미를 표현하거나 전달할 수 있다는 인식이다".[4] 심리학적 비판은 텍스트란 다가적 의미를 가지고 독자의 의식을 일깨우고 에너지를 촉진시키고 의지에 활력을 부여하는 상징의 전달자라고 지적하는 언어학자, 철학자에게 동조하는 것이다.

셋째로 심리학적 비판은 성서의 많은 주제와 상징에는 원형적 성격이 있다고 생각하는 사실에 주목하는 것이다. 월터 윙크Walter Wink가 논평하고 있는데 그러한 주제와 상징은 "여러 가지 신화에 빈번하게 나타나므로 영적 발달에서 표준적 요소의 하나로" 간주할 수 있다. 그는 다음과 같이 말하고 있다. "이와 같은 이야기가 널리 퍼지는 것이야말로 우리가 다루고 있는 것이 단순히 사물의 기원을 설명하기 위해 만들어진 인과론적 전설이 아니라 영적 여행 그 자체의 근간에 있는 것이라는 사실의 증거이다."[5] 사실 그렇다고 하면 심리학적 비판의 구체적 목표의 하나는 성서학자가 모은

---

[4] Neusner, op. cit., p.113.

[5] "On Wrestling with God: Using Psychological Insights in Biblical Study", *Religion in Life*, XLVII, 1978, p.142.

비교고고학, 역사학, 언어학의 풍부한 자료에 종교사가나 종교현상학자가 모은 비교신화학이나 상징 연구 자료를 합쳐서 성서의 특정한 상징 내지 주제가 인간 프시케 안에서 표시할 수 있는 가치의 범위를 가능한 한 빠짐없이 탐지하는 것이다. 존 도미닉 크로산John Dominic Crossan이 평한 바와 같이 "성서 텍스트의 완전한 연구에는 같은 학자가 행하든, 다른 학자가 행하든, 앞으로는 예를 들면 제임스 프리차드James Pritchard의 권위있는 『고대 근동의 문서와 그림』Ancient Near Eastern Texts and Pictures이든지 스티스 톰슨Stith Thompson의 권위있는 『민간 문헌의 주제 색인』Motif Index of Folk-Literature을 이용하는 것이 필요할 것이다".[6]

심리학적 비판의 넷째 기능은 성서해석 영역에서 성서 텍스트의 의도는 문자대로의 의미를 전달할 뿐 아니라 독자의 생활 속에 도덕적이고 영적이며 변화를 가져올 수 있는 의미를 불러내는 것이기도 하다는 고대 히브리의 미드라쉬와 교부와 중세 그리스도교의 통찰을 다시 주장하고 재평가하는 것이다. 텍스트 의미의 문자상의 해석만이 아니라 텍스트의 은유적이고 상징적 요소에 예민하고 그 분야를 탐구할 능력이 있는 성서학자에 의한, 예를 들면 예배, 미술, 교회, 설교, 도덕적 행동양식과 같은 형태의 문자에 의하지 않은 해석도 성서해석에 합법적으로 포함시킬 수 있지 않느냐는 문예비평가, 예술가, 성직자 그밖에 사람들이 품고 온 생각을 심리학적 비평은 규명하고자 하는 것이다.

심리학적 비판 임무의 다섯째는 예를 들면 족장 전설, 사무엘 하권의 왕조사, 예수의 비유와 일생과 관련된 성서 이야기의 속에서 작용하고 있는 심리적 역동에 빛을 던지는 것이다. 확실히 이 특별한 기능은 심리화, 즉 어떤 이야기를 마음에 드는 심리학적 모델의 비유로서 읽고 그것으로 대신하려는 유혹을 받기 쉽다. 그러나 이러한 위험에도 불구하고 프로이트나 융의 구조를 함부로 텍스트에 도입하고자 하는 현재의 성서 연구에서라도,

---

[6] "Perspectives and Methods in Contemporary Biblical Criticism", *Biblical Research*, XXII, 1977, p.45.

인간 프시케의 본성에 대한 저자의 깊은 지식이 없다면, 텍스트를 그와는 무관한 유형에 기계적으로 맡기는 것보다는 오히려 깊이있는 연상을 통해서 그 의미를 밝혀주리라 생각되는 이야기의 역동성에 참여하는 것이 종종 나을 수 있다.[7]

심리학적 비판의 여섯째는 성서의식의 근간을 이루는 심리적 및 영적인 실체, 예를 들면 죄와 은총, 용서와 영적 열광 체험, 회심과 예언자의 영감 현상 같은 것에 대한 우리의 이해를 심화시키는 것이다. 예를 들면 "구원" 체험을 성서가 어떻게 이해하고 있는지를 설명하면서 로빈 스크록스Robin Scroggs는 이렇게 쓰고 있다. "구원이란 우리의 사고방식, 감각방식, 행동방식의 변화이다. 그리고 그것은 심리학적 직관, 혹은 명백한 심리적 모델과 용어에서도 우리 자신의 내부나 다른 사람의 내부에 있어서 이러한 변화가 무엇을 의미하는지에 대한 통찰력을 우리에게 제공할 수 있다는 것을 의미한다고 나는 생각한다."[8]

마지막으로 심리학적 비판은 성서가 독자에게 개인적·신학적·사회적·제도적으로 제공해온 영향을 더욱 비판적으로 정확하게 보도록 도움을 줄 수 있다. 1971년에 나온 윌프레드 캔트웰 스미스Wilfred Cantwell Smith의 대표적 논문 「종교 연구와 성서 연구」[9]는 성서의 역사 이전과 역사 이후를 연구하고 무엇이 성서를 생기게 했는지만이 아니라 무엇을 성서가 생기게 했는지도 탐구하며, 성서의 기원과 아울러 성서의 영향도 탐구하는 데는 새로운 세대의 성서학자가 필요하다고 지적하고 있다. 이러한 연구에는 성서

---

[7] Francoise Dolto and Gerard Séverin, *The Jesus of Psychoanalysis,* tr. Helen R. Lane (Garden City, New York: Doubleday and Co., 1979) 참조. 전체로서는 프로이트의 해석 모델에 따르고 있으나, 예컨대 가나의 혼인 이야기의 처리(pp.54-70)처럼 여기저기서 성서 이야기의 역동성에 대한 독창적이고 설득력이 있는 이해를 제시하고 있다. 이 책은 성서해석에 배경이 필요하는 사실을 실례에 의해서 제시하고 있는데, 이와 같은 배경은 현재 전혀 없다고 해도 과언이 아니다. 이것과 대조적 입장은 Robert Leslie, *Jesus and Logotherapy* (New York: Abingdon, 1965)를 보라. 이 책은 빅터 프랭클의 실존적 정신요법의 입장에서 성서의 비판적 지식과 분석적 이해를 합치면 그 가치는 영원히 잃지 않을 것이다.

[8] "Psychology as a Tool to Interpret the Text", *Christian Century,* (March 24, 1982), p.336.

[9] Smith, op. cit.

가 독자에게 주는 것만이 아니라 독자가 성서에 주는 것과 전통의 역사에 좋게든 나쁘게든 텍스트가 환기할 수 있는 영향에 대한 보다 상세한 점검이 수반된다.

요약하면 영혼의 삶에서 성서의 역할을 탐구하는 것이 심리학적 비판의 목표이다. 그 활동의 장은 대부분이 미지의 분야이다. 그 이유는 아직 거의 탐험되지 않았기 때문만이 아니라 주제가 정밀한 서술을 거부하기 때문이다. 그럼에도 불구하고 성서를 만들고 전하며 해석하는 행위에 포함된 정신적이며 영혼이 깃든 영적 요소는 부인될 수 없다. 그 분야의 더욱 정밀한 보고와 지도의 작성도 심리학적 비판이 해야 할 일이다.

참고 문헌

I. 융의 저작

Analytical Psychology, Its Theory and Practice (The Tavistock Lectures). Foreword by E. A. Bennet. New York: Pantheon, 1968.

C. G. Jung Letters, I-II, Edited by Gerhard Adler and Aniela Jaffé (Bollingen Series XCV. Princeton: Princeton University Press, 1973~1975).

The Collected Works of C. G. Jung, Edited by Gerhard Adler, Michael Fordham, Sir Herbert Read, and William McGuire. Translated by R. F. C. Hull. Vols.I-XX. Bollingen Series XX. Princeton: Princeton University Press, 1953~1978. 종교와 성서를 연구하는 사람들에게 특히 관계가 깊은 것은 다음 논문이다.

  Vols.IX.1 "The Psychology of the Child Archetype"
  Vols.IX.2 "Christ, a Symbol of the Self"
       "Background to the Psychology of the Christian Alchemical Symbolism"
       "Gnostic Symbols of the Self"
  Vols.X "The Spiritual Problem of Modern Man"
       "The Meaning of Psychology for the Modern Man"
       "The Undiscovered Self"
  Vols.XI "Psychology and Religion" (The Terry Lectures)
       "A Psychological Approach to the Dogma of the Trinity"
       "Transformation Symbolism in the Mass"
       "Psychoanalysis and the Cure of Souls"
       "Answer to Job"
  Vols.XII "Introduction to the Religious and Psychological Problems of Alchemy"
       "Religious Ideas in Alchemy"
  Vols.XV "On the Relation of Analytical Psychology to Poetry"

Man and His Symbols. New York: Doubleday & Co., 1971. Introductory essay by Jung: "Approaching the Unconscious'.

Memories, Dreams, Reflections, Edited by Aniela Jaffé; Translated by R. and C. Winston. New York: Pantheon, 1963.

II. 입문 해설서

Hall, Calvin S. and Nordby, Vernon, J. *A Primer of Jungian Psychology*, New York: New American Library, 1973.

Jaffé, Aniela, ed. *C. G. Jung: Word and Image*, Bollingen Series XCVII:2. Princeton: Princeton University Press, 1979. Photographs and quotations from the life and works of Jung.

Jacobi, Jolande. *Complex, Archetype, Symbol in the Psychology of C. G. Jung*, Translated by Ralph Manheim. Bollingen Series LVII. Princeton: Princeton University Press, 1959.

Jacobi, Jolande. *The Psychology of C. G. Jung*, New revised edition. New Haven: Yale University Press, 1971. The standard introduction to the thought of C. G. Jung.

Philipson, Morris. *Outline of Jungian Aesthetics*, Evanston, IL: Northwestern University Press, 1963. An application of Jung's thought to the task of literary interpretation.

Schaer, Hans. *Religion and the Cure of Souls in Jung's Psychology,* Translated by R. F. C. Hull. Bollingen Series XXI. New York: Pantheon, 1950.

Wehr, Gerhard. *Portrait of Jung: An Illustrated Biography,* Translated by W. A. Hargreaves. New York: Herder and Herder, 1971.

역자 후기

이 책은 Wayne G. Rollins, *Jung and Bible* (Atlanta: John Knox Press, 1983)의 전역이다.

저자는 Yale 대학 신학부를 졸업하고 동 대학에서 석·박사과정을 마친 다음, Princeton과 Wellesley대학 그리고 Hartford Seminary Foundation 에서 종교학, 성서시대사, 성서연구를 가르쳤다. 현재는 Massachusetts 주에 있는 가톨릭계 Assumption 대학의 종교학 교수로 Ecumenical Institute 소장을 겸하고 있다. 그리고 종교관계의 *Choice, Journal of Biblical Literature, Journal of American Academy of Religion,* 그리고 *The Journal of the Scientific Study of Religion*과 같은 학술지의 서평을 담당하고 있다.

이 책의 목적은 저자의 말대로 성서를 프시케(영혼)의 책으로 간주하고 그 의미를 탐구하는 것이다. 현대인들 가운데는 많은 사람이 성서를 종교상의 사실을 기록한 책으로 보거나 역사책으로 생각한다. 그러나 성서는 영혼의 보고서로, 즉 우리의 선조가 역사와 율법, 예언과 시, 복음서와 편지, 계보와 묵시를 통해서 거룩한 것의 체험을 이야기하고 우리를 통해 다른 사람들을 그 체험으로 인도하는 증언으로 생각한다.

이 책의 둘째 목적은 오늘날 성서연구가 심리학과 정신분석의 통찰에서 어떤 도움을 받을 수 있는지를 시사하는 데 있다. 끝으로 심리학적 관점에서 시도하는 비판적 연구의 가능성을 성서 이야기의 해석을 포함해서 구체적으로 열거했다. 특히 성서가 독자에게 주는 영향을 개인적·집합적·종교적·신학적·사회적·제도적인 면에서 비판적으로 고찰한 대목은 우리 성직자나 종교인들에게 새로운 지평을 열어주고 새로운 눈과 마음의 깊은 성찰로서 성서를 대하게 한다.

이 책이 나오기까지 원고를 정성껏 읽어 주시고 정리해 주신 이재철 신부님께 진심으로 감사한다.
　끝으로 이 책을 출판하는 데 물심양면으로 호의를 아끼지 않으신 베네딕도회 이형우 아빠스님과 출판사 선지훈 신부님과 직원 제위께 다시 감사를 드린다.

2001년 왕십리에서